CrossFit
馆内乾坤

【美】T.J. 墨菲　著　吴峻灏　译

· 北京 ·

内容提要

CrossFit是近年来流行于欧美的一套健身体系，与侧重于健美的传统健身方向比，CrossFit更加注重综合体能训练。自2015年以来，CrossFit健身馆在中国大陆地区如雨后春笋般开设起来。CrossFit究竟是一种什么样的健身体系？CrossFit健身馆里都是一群什么样的人？CrossFit可以减肥吗？作为第一本简体中文详解CrossFit的书籍，它将解答你所有的疑问，来这本书中一起探索吧！

北京市版权局著作权合同登记号：图字01-2016-1121号

本书通过北京水木双清文化传播有限责任公司代理，经美国COMPETITIOR GROUP授权出版中文简体字版本。

Inside the Box: How CrossFit ® Shredded the Rules, Stripped Down the Gym, and Rebuilt My Body

图书在版编目（CIP）数据

CROSSFIT馆内乾坤 / （美）T.J.墨菲（T. J. MURPHY）著 ; 吴峻灏译. -- 北京 : 中国水利水电出版社, 2017.5

书名原文: INSIDE THE BOX

ISBN 978-7-5170-4811-4

Ⅰ. ①C… Ⅱ. ①T… ②吴… Ⅲ. ①健身运动 Ⅳ. ①G883

中国版本图书馆CIP数据核字(2016)第253805号

策划编辑：祁轻　责任编辑：邓建梅　加工编辑：庄晨　封面设计：智慧果

书　　名	CrossFit 馆内乾坤 CrossFit GUANNEI QIANKUN
作　　者	【美】T.J. 墨菲　著　吴峻灏　译
出版发行	中国水利水电出版社 （北京市海淀区玉渊潭南路 1 号 D 座　100038） 网址：www.waterpub.com.cn E-mail：mchannel@263.net（万水） sales@waterpub.com.cn 电话：（010）68367658（营销中心）、82562819（万水）
经　　售	全国各地新华书店和相关出版物销售网点
排　　版	北京万水电子信息有限公司
印　　刷	三河市德辉印务有限公司
规　　格	160mm×230mm　16 开本　15.5 印张　350 千字
版　　次	2017 年 5 月第 1 版　2017 年 5 月第 1 次印刷
印　　数	0001—10000 册
定　　价	69.00 元

前 言

“你要是在 30 秒内还没换好重量，我可要踢你屁股了！”

“这次要跪了！”我把绿色的杠铃片装上 45 磅重的杠铃杆，费劲地锁上卡扣，虽然表面强装镇定，但接下来要尝试的这一把实在把我吓坏了。要将重量 135 磅的杠铃从地上一下子举过头顶，这在奥林匹克举重项目里有个名词叫“抓举”。这可是 135 磅呀，比我以前举过的最好成绩还重了 20 磅，我内心充满失败的无力感，全无半点希望。

这里就是我正在比赛的地方——旧金山 CrossFit 健身馆(SFCF[①])。你可不要以为这里会有亮闪闪的器械、豪华浴室和类似乡村俱乐部标配的高级储物柜，事实上根本不是这么回事。这个馆子坐落在普雷西迪奥（Presidio）一个巨型体育用品店后面的停车场。这里没有大门，就是几个被涂鸦的储藏集装箱，顶上罩着块塑料天棚，经常被大风吹得哗哗作响。地上则铺着黑色的橡胶地垫，套着保护笼的设备灯权作场馆的照明设施。煤渣砖砌的墙面上竖着块白板，上面歪歪扭扭地写着“HTFU”，这是个 CrossFit 圈子里很常用的缩略词，代表“越挫越强”的意思，流传的范围很广。这些人就是这样，伴着时不时吹进来的湿冷寒风，在黑暗中训练，在雨里训练。

把我折磨得要死要活的是 CrossFit 公开赛阶段的第二个比赛科目。我今天的教练，也是这个馆的老板凯利 • 斯塔雷特（Kelly

---

① SFCF：San Francisco CrossFit，旧金山 CrossFit 健身馆。

Starrett）已经不是第一次威胁要踢我屁股了。上一次是在公开赛做第一个比赛项目的时候，他认为我只是敷衍了事。这个人非常鄙视这种行为，但我根本没有这种想法。最后我完成第一个比赛项目，成绩还相当不错，这意味着我离参加全球大赛又近了一步。今天，此时此刻，我正进行公开赛的第二个项目。全球大赛为期三天，期间要进行多项高强度运动健身比试。所有的比赛内容都是基于这种叫做"CrossFit"的健身训练模式，其在全球遍布的场馆数量已超过10000（截至 2016 年）。只有从公开赛和地区选拔赛中脱颖而出的顶尖运动员，才有资格参加这个持续三天的全球大赛。我只是个首次参加公开赛的菜鸟，公开赛阶段共持续五周，现在还只是第二周。在这段时期中，全美有成千上万的 CrossFit 爱好者会参加公开赛，每周大家要完成同样一个比赛项目。我现在就在做这个项目，而在我身旁还有这位 SFCF 的馆主兼主教练不断向我咆哮。

"你现在还有 20 秒！"

我不得不"越挫越强"了！我并不是不想全力以赴，只是想让那个必败的结局晚点到来。根据以前练习抓举的经验判断，135 磅这个重量对我而言如同结实的德国大众车那样重。不过我只得加快速度装上杠铃片，不然被一名重达 235 磅的前职业划艇运动员揍一顿可不是一件好玩的事，这家伙起码比我强壮两倍以上。

第二周的比赛内容是这样的：我有 10 分钟的时间去完成尽可能多的抓举，按以下顺序进行：

抓举 75 磅 30 次

抓举 135 磅 30 次

抓举 165 磅 30 次

抓举 210 磅，剩余时间内尽可能多地完成

抓举 75 磅 30 次对我来说没什么问题，不过 135 磅就完全是两

回事了。在当天的比赛结束前，2011 年的 CrossFit 全球大赛冠军里奇・弗朗宁（Rich Froning Jr.）在这个项目里完成了 98 次抓举。也就是说这位逆天强人风一般地完成了 75、135、165 磅的共 60 次抓举，然后在 10 分钟走完之前还将 210 磅抓了 8 次。他是唯一一个破 90 次抓举的选手。当这个比赛内容刚一公布，我就知道 75 磅抓举还算好，但自己唯一成功过一次的最大抓举重量才 115 磅，那已是我的极限，动作姿势还很难看。当时我练习了差不多半小时，尽管技术有待提高，但将 115 磅的杠铃抓举过头顶时，一种心花怒放的满足感油然而生。而对于诸如弗朗宁这样的顶尖选手，他们举这个重量跟玩似的，在我心目中简直是神一样的存在。而现在，我看着自己面前的杠铃，足足比那时候重了 20 磅。

公开赛第一周公布的比赛科目是限时的立卧撑跳次数比拼。这个动作规定起始位置在站立状态，然后伏地做俯卧撑，随后双腿蹬地向前回收，身体向上伸展离地作一小跳。这是一个体操里的基本动作，任何人都会做，非常简单。但常人连续做 25 个以上的话，立马会明白即便这样简单的动作也会非常要命。12.1，代表 2012 年公开赛的第一个比赛科目，就是在 7 分钟内尽可能多地完成立卧撑跳。这是一个非常考验心肺功能的比赛科目，但对于我这样一名曾经的专业耐力跑者还不算太难。最后我在 7 分钟里做了 103 个立卧撑跳，做完感觉心都快蹦出来了，摇摇晃晃步履蹒跚，就像胸口中了一枪。第二周要比赛的抓举是另一码事，虽然也很考验心肺功能，但对于我这样的前马拉松 / 大铁选手来说绝对是短板，何况我已经是四十好几的人了。

我只得在众目睽睽下硬着头皮上了。注视我的人不仅有斯塔雷特，还有裁判和另外几个参加公开赛的选手，其中包括我的女友格雷琴（Gretchen），她在最后一轮的参赛选手中。我擦了擦手中的汗，紧紧握住杠铃，蹲下开始 135 磅的第一次试举。

终于要开始了！ 75 磅和 135 磅的抓举完全不是一码事。作为一个初学者，教练会告诉你抓举要先将杠铃慢慢提离地面，身体重心处于脚跟，当杠铃过膝时必须接一个“跳”的动作，即髋部发力，产生一个垂直向上的爆发力，将重量猛拉至空中，当杠铃高度足够时（理想状态）身体迅速下蹲置于杠铃下方，同时双手接杠。然后你就要锁肘，起立（理想状态）将头顶的杠铃举起，最后成站立姿态，双膝伸直，控制住头顶的重量，身躯挺直。在自己开始练举重之前，我对所有的奥林匹克举重赛事都不怎么感冒。现在我终于明白了，一名优秀的举重运动员必须将协调性、敏捷性、速度和力量完美地融于一体，举重绝不是一项光靠蛮力的运动，这完全颠覆了我以前的认知。

我开始“起跳”，提杠过腰，大概到胸骨的高度时重量太重举不上去了，杠铃“咣”的一声掉到了地上。显然这个重量我连一次也无法完成，这个事实沉重地打击了我，犹胜过 135 磅的重量。我感到血液沸腾，体内肾上腺素急剧奔涌，使我激动得跳起来大骂:“该死！”

体内肾上腺素高涨有好也有坏。好的方面是让我像磕了药一样不断去尝试这个重量，从不会去想放弃，好像要给内心的怒火找一个发泄的渠道。坏处是自己看上去像个把球打进沙坑的拙劣高尔夫球手，笨手笨脚地试着把球从沙坑里救出来。CrossFit 这项运动自诞生起越发盛行，或许其中一个原因从我这次举重爆发的怒火中可看出端倪。它天生含有竞争比拼的基因，与人拼，与己拼。只有在如此充满竞争的环境下才可以不断突破自己的极限，挑战更高的强度。

CrossFit 通过竞技，通过让运动员与对手、与自己的较量来达到训练强度的突破。

我又尝试举了三次，每次都是快接近成功但又功亏一篑。这时斯塔雷特冷静地说：“看来这法子对你不管用，我们得试试其他办法。”我又徒劳地试了几次，斯塔雷特在旁边指点我，握距窄一点，然后胸要挺直，脑子里先过一遍举重的整个过程，杠铃运行的轨迹必须垂直向上，这样才会有效。

“想象一下把杠铃扔起来，扔过头顶，扔到脑后。”他指着我身后从停车场上方穿过的高速公路说道：“你给我把杠铃扔到那条高速公路上去！”

按他的方法，我继续努力尝试，每次杠铃的高度都比前次升高了一些，但仍未达到理想的高度，杠铃仍旧一次次无情地掉在我面前的地垫上。留给我的时间已经不到一分钟了！斯塔雷特再次冷静地对我说：

“你可以做到的，想象一下尽量把杠铃扔过头顶，扔到你的身后去。”

谁会料到斯塔雷特能够训练我参加 CrossFit 公开赛？这事想想都好笑。

我第一次和他见面是 58 周以前，我清楚地记得，那是 2010 年的圣诞节前夕，我来到这个地方，膝盖和后背的慢性伤痛不断折磨着我，使得我专业跑步的生涯戛然而止。我已经 47 岁了，伤痛的折磨不仅令我丧失了跑步的乐趣，还影响到我的日常生活。即便是常人在平日经常用到的动作，诸如起床、在办公室里坐下，上下楼梯，都会对我产生严重的伤痛困扰。以前我想都不会去想的念头似乎即将变成现实，我真要沦落到“人工膝盖置换”这个结局吗？

斯塔雷特在 CrossFit 界不仅是一位明星教练，也是一位在身体柔韧性、灵活性和动作模式方面颇有建树的专家，还在物理治疗专业取得了博士学位。就在我的健康状况越来越差、不得不换膝盖的时候，另一位 CrossFit 的明星教练布莱恩·麦肯齐（Brian MacKenzie）建议我去拜访斯塔雷特。于是我差不多花了 14 个月的时间，近距离地深入了解这个看似另类的健身运动世界。如果不是机缘巧合，我不会去关注这么一个商业炒热的健身体系。CrossFit 一开始吸引我的是它的粉丝崇拜文化。我搜遍互联网上所有关于 CrossFit 的信息，得出的结论是：这是一个类似纹身狂一样的极端异类小圈子。

能够遇到斯塔雷特纯属机缘巧合。于是在这 58 周的时间里，他和麦肯齐一起合力，将我这个连续 15 个俯卧撑都做不了的半残前跑者打造成有信心角逐 2012 年 CrossFit 全球大赛的运动员，那届比赛的海选阶段有 62000 人参加。

“你能够举起来的，还有 30 秒！”

我低头注视着杠铃，这是我的最后一次机会了，如果成功了，我在这个项目的成绩就可以达到 31 次。想到这儿，身体里似乎激起一股电流！CrossFit 公开赛，某种意义上和我曾经热衷的耐力跑比赛一样，让你有机会测试身体的强大程度，使你毫无保留，全力以赴，尽量尝试自己的极限。举起 31 次，不是 12 次或 30 次，也不是 65 次。这对旁人而言也许并没有什么意义，在这个项目的总成绩排名上也无足轻重。在这个 62000 人参加的比赛中举起 31 次这个成绩根本算不了什么。对于精英选手而言，他们的目标是为了晋级全球大赛；但对于大多数人而言，能够打破自己的极限就可获得巨大的满足感，并为此兴高采烈！如同耐力选手第一次全马跑进四小时或者首次完成一个标准铁人三项比赛一样，对于个人而言堪称里程碑式的成就。作为参与比赛的运动员，其所能获得的成就感和满足感绝对不是在电视机前观看体育比赛的观众们所能够体会的。

所以对我而言，在最后时刻到底能够举起 30 次还是 31 次绝对有天壤之别。以前我的抓举最好成绩只有 115 磅，现在我有最后一次机会挑战 135 磅。此时的我如同被打了鸡血，原地蹦达了几下，使劲摇晃着脑袋想让自己平静下来。当我双手抓住杠铃时，心中明白这是自己的最后一次机会，既兴奋又紧张，然而脸上第一次开始浮现微笑：我知道自己一定可以举起来！按凯利说的做法我用窄距握杠，用标准奥林匹克举重的锁握动作将四个手指紧扣住大拇指，身体慢慢蹲下；长吸一口气，缓缓升起。我将自己想象成一架投石机，努力将杠铃扔过头顶，扔到健身馆的上空中，于是我开始“起跳”。杠铃终于比前几次升高了一寸，这可是性命攸关的一寸啊！此刻我迅速挺身，想趁杠铃停留在空中的瞬间将手臂和肘部置于其下方支撑住。如果我的抓举技术够好的话，理论上可以迅速下蹲到杠铃下方将其撑住。但我的技术实在太菜了，只能以自己的方式硬是用蛮力将它提起来。此时离计时器走完还有 5 秒钟。但我已经熬过了这最关键的一关，杠铃终于没有再次掉下来。我慢慢站起，身体绷成弓形，杠铃越升越快，最后锁肘完成整个动作。我创造了自己的新纪录，抓举 135 磅！

虽然举起这个重量的姿势非常难看，一点都算不上专业，但我实在无法压抑自己兴奋的心情，跃起空中庆祝自己的胜利，此时的我活脱一个小学棒球比赛里的小英雄，动作其实一点都不到家。135 磅的抓举成绩，即便以我的体重衡量，在 CrossFit 界也是很一般的。但对我而言，此举意义重大，此刻我的腿和膝盖能够让我自由跳跃、举重，而一年前它们却踯躅维艰。

这就是在那一年发生的故事。

目 录

第1章

初次邂逅：包罗万象的 CrossFit 人群

保罗·艾斯特拉达（Paul Estrada）是一名私人健身教练，一次偶然的机会在网上接触到 CrossFit。他尝试着做了一次训练，竟然累得趴在地上整整七分钟都没法站起来。这种欲仙欲死的体验令他欲罢不能，从此对 CrossFit 入了迷，决心踏上这条路。佩吉·贝克（Peggy Baker）住在波士顿地区，她五十多岁了。有二十多年糖尿病史的她体型肥胖超重，病情一年比一年严重。开始佩吉羞于和朋友一起去 CrossFit 健身馆训练，然而当她鼓起勇气开始迈出第一步后，几个月身体就有了很大改观，从此她逢人便说 CrossFit 如何减轻了她的 II 型糖尿病，注射胰岛素的量也在逐渐下降。大卫·班内特（David Bennett）曾在美国空军服役。有一次他在健身时看到旁边有个老兄在做 CrossFit 的训练科目，立马就被这种新奇的训练方式迷住了。现在他一头钻进 CrossFit 的世界里，宣称他的人生目标就是"CrossFit 至死！"

CrossFit 很显然成功地吸引了一批对其功效深信不疑的参与者。然而在这些 CrossFit 的忠实信徒中，令人惊讶的还有这样一些人。安东尼·金浦（Anthony Kimpo），长期练习巴西柔术，起初进行 CrossFit 训练只是为了提高力量，如今他既是一名出色的 CrossFit 运动员，又是巴西柔术的高手。布里安娜·道恩（Briana Dawn），白天上学，晚上是一名晚班的警察局调度员。由于没时间做饭，经常吃快餐食品，使她的体重足足超标 30 磅。后来她去了一家 CrossFit 馆训练，练了一年时间，不仅皮肤变得光润、肤色健康，而且身材也十分健美，实力足以参加 CrossFit 的各类比赛。如果没遇上 CrossFit，CrossFit Endurance 的创始人布莱恩・麦肯齐也许会变成一个无可救药的酒鬼，那时候他的状态就是拼命酗酒，努力戒酒，然后又开始喝，如此循环，生活弄得一团糟。而现在他运用 CrossFit 的训练方法成功完成 100 英里的越野跑比赛，还带领全球范围的耐力跑选手和铁三运动员采用 CrossFit 与耐力运动相结合的方案训练。艾琳・梅西亚（Irene Mejia）是个体重超过 400 磅的大胖子，患有 II 型糖尿病，同时也遭受其他肥胖所引起的各种慢性病的折磨。有一天她终于鼓起勇气，向一个 CrossFit 健身馆发去一封电邮，询问像她这样的身体情况是否适合训课，能否来试课。那个馆答应了她的请求。艾琳从此开始了 CrossFit 之旅，不到两年的时间她减了 100 多磅，还参加了当年的 CrossFit 公开赛。

托德・威德曼（Todd Widman）的故事说来话长。他第一次知道 CrossFit 时 25 岁，是一名美国海军陆战队军官，在弗吉尼亚州服役，负责训练执行步兵任务的见习青年军官。威德曼从 13 岁开始进行体能训练，从高中时期开始一直到俄勒冈州立大学念书时从未中断过健身锻炼。作为一名海军陆战队员，他那时候已经进行了整整六年的健美训练。一个朋友鼓励他抛开成见和怀疑的态度，去 CrossFit 的官网好好找点干货看看，肯定会有不少收获。于是当天晚上，他在官网看到一个叫做“辣妹”的训练视频。别看名字取得这么诱人，“辣妹”其实就是个 CrossFit 高级训练的名字。威德曼看到的这个视频正是由三个第一代 CrossFit 运动员一起比拼完成的训练项目。这三人的背景也是非常混搭，她们是前滑雪冠军伊娃・托朵肯丝、曾经的爵士健身操教练且做过鸡尾酒女招待的安妮・坂本（Annie Sakamoto）和陶艺家妮可・卡洛尔（Nicole Carroll）。威德曼回忆到："我看到体型这么小的女孩子们竟然在做高翻、徒手深蹲和吊环双力臂，当时非常惊讶，不知道自己是否能做同样的动作。"在视频的最后几分钟，镜头放大到卡洛尔的面部表情，她正竭力完成最后一轮的双力臂和高翻动作，明显已体力不支，却仍不放弃。

威德曼将这个网站完整彻底地看了一遍。当时在他住所附近没有 CrossFit 健身馆，但官网会每天更新一个训练内容单元，有一些训练内容会以女孩的名字命名。威德曼于是决定拿这些训练内容练练手，他挑了一个叫做"伊丽莎白"（Elizabeth）的训练内容：用 135 磅的杠铃做高翻和"环"臂屈伸，共三轮。高翻这个动作威德曼还算熟悉，就是将杠铃置于地上，然后用爆发力将其提起，用肩膀将其停在锁骨位置处，这是奥林匹克举重动作里"挺举"的第一个分解动作。但他的问题是："环到底是个什么鬼？"他搜了一下这个训练内容下面的读者评论，发现也有人在问与他相同的问题，因为"环"这东西在传统健身房从没有见识过。他仔细研究了一下，原来环是指体操里的吊环，"吊环臂屈伸"本质而言和一般健身房里经常做的动作"三头肌臂屈伸"有点类似，但支撑的是吊环而不是双杠或三头肌起降器械。

"伊丽莎白"这个训练单元有三轮，第一轮是 21 次杠铃高翻和吊环臂屈伸，第二轮是相同的两个动作各 15 次，第三轮是各 9 次。

一直不停地做，不休息，以完成时间快慢计成绩。这个训练下面的评论中显示大多数人可以在 5 ～ 10 分钟内做完。威德曼觉得凭借自己多年的健美运动背景、海军陆战队里养成的强大心理素质和无与伦比的专注力，全力以赴的话 5 ～ 10 分钟完成这个训练内容应该问题不大。于是他准备好计时器和需要的器械，开始平生第一个 CrossFit 训练。

然后，威德曼足足花了 58 分钟做完这个“伊丽莎白”，“我浑身湿透，像刚从水里捞出来一样”，他回忆到：“当时我整个人都不好了，简直比狗还喘。但这种训练模式却是我这辈子一直想要的呀！”从那天开始，威德曼疯狂地投身到 CrossFit 训练中。由于这种训练方法经常被用来训练执法部门的人员和部队等，所以他在 CrossFit 圈内一出现就开始崭露头角，加上他在海军陆战队中的军官地位，CrossFit 总部开始接触他，邀请他参加培训新教练的讲座班，提供其专业的指导意见。他从此开始成为 CrossFit 的培训讲师，开启人生的新一段里程。威德曼如今专业从事教练培训工作，是 CrossFit 一级教练资格的培训项目带头人。

我在公开赛阶段的教练凯利・斯塔雷特曾经是一名国家队的划艇选手。他在网上初次接触 CrossFit 的时候正在攻读物理治疗的博士学位。斯塔雷特之所以退役是因为有一次训练中肌肉拉伤，连转头都变得很困难。退役后他对运动康复产生了浓厚的兴趣，特别是在人体运动基础领域。最后他和妻子茱丽叶在自家后院开了一家 CrossFit 健身馆，而房东则成了他们的第一个会员。作为一名运动康复的专家，CrossFit 对斯塔雷特的运动哲学理念产生了莫大的影响，使其不遗余力地抨击目前运动医学领域以商业化为目的而误导消费者的现象。他的康复服务及理论大受欢迎，其客户包括环法自行车手、冲击世界纪录的举重运动员、旧金山的芭蕾舞演员、美国特种部队和海豹突击队的成员。

在 CrossFit 的圈子里，类似这样的故事比比皆是。CrossFit 是一种与传统锻炼方式和食物营养学说截然不同的新体系，也被称为“使身体全面强健的运动”。因受其吸引而投身这项运动的有家庭主妇，有自由搏击运动员，还有曾经的吸毒者等。越来越多的人因为身边活生生的例子而参与进来，因为这项运动彻底颠覆了传统的健身体系所提供的路径。

我加入 CrossFit 的原因则代表了大部分跑步人群经常遇到的问题，经常被称为“垮掉的跑者之路”：无论是跑全程马拉松、半程马拉松、10 公里还是其他比赛，总是不断地受伤，带伤训练，比赛后伤势加剧，如此循环。约有 70% 的跑者每年都会受伤，其中有些人本着死马当活马医的心态走进 CrossFit 健身馆寻找救赎，我就是其中的一员。

崩溃

2010 年 10 月末，那是南加州的一个湿润的周日早晨，我正在洛杉矶这座城市跑半程距离的“摇滚马拉松”，离终点还有 400 码。此时我艰难地挣扎着，腿和膝盖的疼痛使我每一步都迈得非常辛苦。

围绕洛杉矶市中心不断起伏的坡状地形一圈有 13 英里，跑完对我腿部的关节堪称地狱般的煎熬。跑到离终点还有 200 码处，那是斯台普体育中心旁边一个商业综合体，占地五百六十万平方英尺，有酒店餐厅和高科技豪华剧院。我已无力冲刺，只得慢慢踱到终点，然后走过赛场通道和乱糟糟的赛后休息区。我的膝盖钻心地疼，仿佛有把小刀在里面不断地又磨又锯。无力地靠在人行道的围栏边，我不断按摩自己的膝盖，然而根本不管用。疼痛不断加剧，我还得靠自己的双腿挪到那辆本田飞度的小车里，然后再开 2 个小时才能回到圣迭戈的家，这一切还能不能做到?

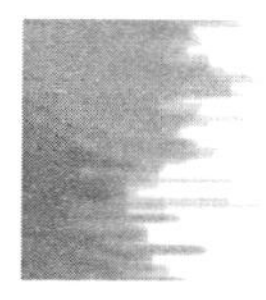

CrossFit 这种训练方式正是我毕生追求的。

这场比赛对我来说意义远远大于一场普通的马拉松比赛。过去一段时期我不断遭受着跑步的伤痛和那次失败婚姻的打击。而这次“摇滚”半程马拉松是我生活重振计划的一部分，我需要重铸强健的身体和坚韧的精神。九个月之前，我就是个废人：身体处于亚健康状态，精神颓废、体重超标、经常失眠、日渐苍老，彻底丧失对跑步的兴趣。于是我走进一个哥特摇滚的酒吧，打算在那里思考人生。好几个礼拜，我都坐在那个小酒吧的暗黑角落里默默地沉思。那个地方的水泥地面上有一行醒目的字，用哥特字体镌刻着“惩戒”。终于有一天，我在酒吧里听着石器时代皇后乐队那首“致亡魂之歌”，扩音器里传出震耳欲聋的音乐，敲打着我的灵魂，仿若当头棒喝。是时候做出改变了，整天泡在哥特摇滚酒吧里思考人生只会让我的人生更加糟糕！于是我打算重新振作，就再次从跑步开始吧！这也许是我第二十次打算重拾跑步这项运动了。从 20 世纪 90 年代中期开始，跑步生涯中的我就开始频繁受伤；然后放弃，伤愈不久复出，然后再受伤，不断地循环往复。每次跑步复出很少持续超过 6 个月时间，就会再遭伤病打击，不是跟腱炎就是坐骨神经痛什么的。

身体超重是受伤的重要原因，我的体脂率达到 25%，意味着 200 磅的体重奔跑的时候带着四个保龄球重的脂肪在移动。由于饮食不是很健康，不断受伤也会令体重无休止地增长。所以我决定对日常食谱进行改头换面的调整。我设定的目标是参加 12 月份的半程马拉松比赛，以此开始训练计划并调整日常营养摄入，开始采用五天果汁搭配和素食菜单食谱。其实跑步这项运动是我成年后最热衷的体育项目。90 年代我已经成为了一名跑步高手，成绩不俗。当时我的马拉松成绩是 2 小时 38 分，五公里成绩 15 分钟，十公里成绩 32 分钟，1500 米 4 分 06 秒，800 米 2 分 03 秒。这一切成绩都是在我二十五六岁开始长距离跑训练后创造的。我在不断创造自己的最好成绩，同时也遭受着五花八门的跑步运动伤病困扰，比如跟腱炎、足底筋膜炎、髂胫束综合征、梨状肌坐骨神经痛、慢性股二头肌损失，还有一次持续整整二周的肌肉痉挛，几乎所有的跑步伤我都遇到过。终于在 1997 年，我决定和其他频繁受伤的跑者一样去练铁人三项。当时都以为练铁三跑步会少点，有很多自行车和游泳的交叉训练，这样就不会产生那么多伤病。某种程度上这个想法确实不错，我竟然完成了五个大铁比赛和一些距离短一点的三项比赛。但伤痛并没有放过我并开始影响我的训练计划。我觉得这样下去不是办法，连走路都开始有轻微的一瘸一拐迹象。每天早晨起床我都觉得困难，身体仿佛僵住了，变得缓慢笨拙，步履蹒跚，不再轻盈如风。以前可以畅快自由地奔跑，如今却连迈步都难，跑步对我再无乐趣可言。

最后在 2010 年我沦落到在一个哥特摇滚酒吧里思考人生，身材和身体状况跌至谷底，我的选择并不多，跑步是唯一有把握一试、让自己洗心革面的方法。我购买了在线跑步训练教程，目标是在 12 月举办的半程"摇滚"马拉松比赛里成绩跑进一个半小时，我有九个月的训练时间去实现这个目标。从此我过上了苦行僧的日子，食物都是买有机的，包括米和豆子之类，自己做饭以糙米和燕麦为主，喝的果汁都是自己动手鲜榨。我的同事们老是拿我这种饮食方式开玩笑，他们是有多想让我尝点荤菜破戒呀！但我那时候成了一个坚决的素食主义者。经常在周六去素食者经常光顾的餐厅和商店讨教经验，挑选食材。平日只喝绿茶配米浆，还尝试经常吃纯素汉堡。三个月里我减重 25 磅，但我觉得自己从照片里看起来并不健康。吃素吃得皮肤都有点泛绿，和刚刚康复出院的病人没什么两样。在吃素的同时，我每周跑步 55 ~ 60 英里，这已经比我 20 世纪 90 年代的高峰跑量少得多了。那时候我会周日跑 22 英里，周五跑 16 英里，然后周二周四各跑一个快速的 10 英里。其他日子我会跑一次晨跑、一次夜跑，每周跑量有 100 英里。过去我跑 10 英里的配速往往少于六分钟，即便是长距离，配速也经常在六分半以下。不过那都是陈年往事了，老是"想当年"实在不是什么积极的人生态度。重要的是当下，我一定要达到自己设定的目标。这就是我来洛杉矶跑这次半马的原因。路线并不容易，坡度起伏很多，我已竭尽全力，成绩却只是 1 小时 37 分，没有达到一个半小时的目标，令我万分沮丧。

接下来我有六周的时间备赛另一个半马，尽力实现我在 2010 年半马跑进一个半小时的目标。但隐隐作痛的膝盖一直在作怪。在这训练最关键的几周里它不断恶化，各种迹象开始提醒我，如果没有改善的话它将从时不时发作的阵痛发展到挥之不去的永久性伤痛。

垮掉的跑者

2010 年 11 月 5 日，洛杉矶半马结束的两周后我去纽约观看纽约马拉松比赛。在国际博览中心参观了纽约马拉松的博览会，然后去第 50 街准备坐地铁，突然一阵剧痛袭中我的右膝盖，当时我的腿疼得直打颤，摇摇欲坠，那一瞬间似乎所有支撑膝盖的组织都不复存在。“这只是走路不小心扭到的吧。”当时我心想，“不必太在意，现在已经不是那么疼了。”但膝盖疼痛每几分钟就会发作一次，那一天一直未见好转，感觉膝盖的支撑力量变得越来越弱。最后我几乎走两步路膝盖就会疼一次，而当天我的训练计划里还有一次跑步要完成。于是我去药店花 50 美金买了护膝、绷带、镇痛药和冰袋。回到酒店先是用冰袋敷了很长时间，感觉好些了才穿上护膝和跑鞋去酒店健身房跑步。

这天训练的内容是节奏跑，是需要在 25 分钟内心率维持在 170 ～ 175 之间的高强度训练。热身的时候，我的膝盖疼发作了好几次，但我发现要是把脚踝调整到一定角度的话膝盖会好受不少。于是我开始加快速度，这样跑了几分钟都没什么事。就这样一直跑着，最后我完成了当天的计划训练目标。但之后那几周，我每天要冰敷 3 ～ 4 次，还停跑了几天，但走路困难的症状却加重了。同事们看到我在办公室里要扶着办公桌的挡板才能走来走去的样子，担忧地对我说："你没事吧？你还能不能去跑比赛？""哦！"我笑着回应到："告诉你们一个秘密，我没法走路，却还可以跑步，什么都无法阻挡我。"

离比赛还有四天，我准备跑一个 4 英里的短距离。但才跑了 100 码，右腿就彻底罢工了。此时我明白自己的比赛已经结束，看来得去做个膝盖手术了，甚至可能是膝盖置换手术。

我采用的跑步训练计划来自世界知名的新西兰跑步教练亚瑟·利迪亚德（Arthur Lydiard），如今形形色色的跑步训练方法其实都是从他的训练经典论著中演化而来的。这套方法要求用 12 周甚至更多的时间积攒一定跑量，打好身体的有氧运动基础，然后才能进入上坡跑或力量训练阶段，第三阶段是在田径赛道上的速度训练，最后才是备赛期训练。我所使用的训练方案是，从低跑量开始，慢慢增加到每周跑 50 英里，中间穿插一些速度跑和间歇跑训练。每周我还会做 2 ~ 3 次核心力量训练，比如平板撑和平衡球练习之类。同时我也在健身房用腿部训练器械尝试增强右膝的力量。当然，拉伸和仰卧起坐也是必不可少的训练内容。如此经过 9 个月的不懈努力，我竟然都无法在平地上跑完 100 码！

这并不是利迪亚德训练法在忽悠人，这套方法曾经对我很有用，当年它帮助我用 2 小时 38 分跑完一个马拉松，那是 1991 年的一场马拉松比赛。不光是我一个，可以说过去 50 年以来的每一个耐力跑好手的训练方法中都可以找到利迪亚德跑步大法的影子。

在现代赛跑运动的历史上，利迪亚德大法无疑是最靠谱、最成功的耐力跑训练手段。但在 20 世纪 90 年代让我创造个人最好成绩的这套东西，对变成大叔的我如今却不怎么管用了。如果继续机械地照搬这套方法进行耐力跑训练，我那副高龄且半残的身体迟早会彻底歇菜。

布鲁斯·丹顿（Bruce Denton）说过：“人生苦短，不拼不行。”他是约翰·L·帕克（John L. Parker）撰写的小说《曾经跑者》中的主人公。丹顿参加过奥运会，并获得了 5000 米跑的金牌，那时年轻气盛的他笃信“人生要拼才会赢”，训练中将大跑量的训练奉为金科玉律，永不停下脚步。即便过度训练使丹顿的身体屡遭打击，他都始终没有放弃。作者如此写到 :" 丹顿的哲学观是‘跑过人生’，人的一生会有各种起伏变故甚至挫折打击，他都可以坦然跑过，无论是身边亲人的离世还是自己罹患肠癌。”在小说的结尾，丹顿因为长期大跑量的跑步训练而导致跟腱受伤，永远难以康复，最后不得不从事教练工作。在帕克最近写的另一部小说《再回迦太基》中，主角仍旧是丹顿，但这次他再也不跑步了，转而练习山地自行车。

丹顿的遭遇也是许多严肃跑者最终必须面对的宿命。你多年来不停地奔跑，而你从不在意自己的跑姿是否正确，那么就要小心身体零件的磨损了！还有一本在跑圈里很有名的书，叫做《天生会跑》，是克里斯多夫·麦杜格（Christopher McDougall）写的纪实类文学，里面有关塔拉乌马拉族印第安人的跑步传统令我很感兴趣。麦杜格在书中有一个标新立异的观点，认为现代跑鞋研发过程中越发注重脚跟部位的保护防震和各类的鞋底缓冲技术，而这些恰恰是导致全美跑者大面积跑步受伤的元凶，这当中耐克负有不可推卸的责任。在《天生会跑》一书中，麦杜格多次提到自己选择一双简简单单的最基本跑步鞋后有了多大的进步。当然，他也同时提到自己还改进了跑姿，加强了力量训练，改善了每天的食谱。他的观点启发了我，让我觉得跑鞋可能也是令我忽视跑姿，导致受伤的原因之一。但挽救麦杜格跑步生涯的这些手段放在我身上并不一定有效。我吸取了这本书里的一些建议，穿平底极简的跑鞋，采用核心力量训练调整我的步伐，修正跑姿。在书的结尾，麦杜格通过这样的调整训练方法能够在墨西哥高原完成超长距离极限马拉松比赛，而我却连一个半程公路马拉松都跑不了。

当时我陷入了绝望，如同溺水的人急迫地去抓任何一根够得着的稻草，直到有一天我接触了 CrossFit。

它适合我吗？

那是在 2010 年，我在米拉梅沙（Mira Mesa）的 LA Fitness 健身中心的跑步机上进行训练。这个地方在圣迭戈市，云集了大批从事生物科技和基因搜索的新科技公司。跑步机对我来说是个不错的选择，和路跑相比减震效果较好，可以让我跑更长的时间。跑步机区域坐落在健身中心的第二层，在这里跑步既可以看挂在天花板下的电视节目，也可以看到下层主大厅的活动，那里是无氧器械区，是主要进行力量训练的地方。有一天我看到一位新来的私教，她个子不高，身材类似体操运动员，手臂肩膀和腿部的肌肉非常发达。

她大腿后侧漂亮的股二头肌如弯弓一样弧线突出，仿佛充满了爆炸性的能量。她看起来实在是个厉害角色！

在LA Fitness健身中心，私人教练训练学员的模式大家耳熟能详：穿着工作制服的教练带着学员从一种器械换到另一种器械，每次做着同样顺序的动作，当中还穿插了很多休息时间和插科打诨。即便你是在做肩上推举、划船或腿部伸展，同样可以照聊不误。但这个新来的教练完全与众不同，她远离那些器械，带着学员就在前台附近的一个铺着地毯的空旷区域进行训练。她的学员是个中年男子，穿着白色T恤和灰色训练裤。那个可怜的人练得满脸通红、气喘吁吁，而教练则围着他不断吼着训练指令。这样的场景令人联想到部队里长官在体罚违纪的小兵或是摔跤训练中教练考验运动员的那种超高强度训练模式。

她进行的是循环训练，动作有俯卧撑跳、仰卧起坐、跳绳，还有一种我从未见过的新项目。这个学员跑到墙边，捡起一个药球，持球做蹲姿，然后将球抛起来撞到墙壁的一定高度，随后将反弹下落的球接住。每当她的学员体力不支而摇摇欲坠的时候，教练就在一旁发号施令，鞭策他不断挑战身体耐力的极限，并且能坚持多久就坚持多久。在每组动作之间，根本没有休息或间歇的时间，教练一刻都没有放过那个可怜的男人。如此折腾了7分钟，那个学员已经喘成狗了，双手撑在膝盖上，步履摇晃。一切都结束了，他最终完成了那个训练课。女教练上前向学员叮嘱了几句，让他开始课后的拉伸和慢走冷身。

我结束跑步机的训练后过去找到这位教练，问她刚才在做什么训练？她给了我一份资料复印件，叫做 CrossFit 期刊。她说刚才那些训练内容是她在一个叫 CrossFit.com 的网站上找到的。这个网站如同一个钥匙孔，透过它我看到的简直就是个健身成瘾者聚集的地下社团。这个网站上有很多视频资料，都是些满身刺青、体壮如牛的男爷们女汉子。他们个个都有八块或者四块腹肌，做着各种训练科目，比如双手倒立俯卧撑、跳箱、奥林匹克举重、爬绳，或者做着体操吊环动作。他们训练的场地也不是什么宽敞明亮、环境整洁、高大上的健身中心，而是貌似车库、自家后院甚至工厂仓库之类的地方。又过了几个月，我的膝盖彻底罢工，膝盖置换的手术台已在向我招手。于是我开始花时间深入了解 CrossFit.com 这个网站的内容，想知道这种稀奇古怪五花八门的训练动作到底是个什么鬼。那个时候的我即便坐在办公室也是各种伤痛缠身，要是让我站起来走到街对面的楼里简直就是痛入骨髓的磨难。我仔细阅读那位魔鬼女教练给我的期刊，里面有一篇名为“基础”的文章，其中一段话突然吸引了我。里面写到：“我们的训练方法与大学专业运动队或职业运动员所采用的顶级精英训练计划并无二致。但 CrossFit 针对的人群是广大普通人和业余运动员，这些人以前并没有接触过顶级体育的科研技术成果和训练方法，而 CrossFit 所要做的就是将最先进的训练方法带给他们。”

其中还有一段标题是：“它适合我吗？”回答如下：那是必须的！你和奥运选手之间只存在水平和程度的差别，但前进的方向都是一致的。CrossFit 致力提高所有身体运动指标，包括爆发力、力量、心肺耐力、柔韧性、肌耐力、协调性、灵活度和平衡能力，无论是世界顶级运动员还是七八十岁的老奶奶都有一视同仁的重要性。

如果换在以往我可能会对这种交叉健身方法的夸大宣传嗤之以鼻，但我的膝盖每天疼得火烧火燎，痛感貌似正往背部蔓延。现在的我连一个半马都无法完赛，几乎忘了最近一次跑出正常的专业水准是在什么时候。也许这些文章通篇都在忽悠人，都是神棍的夸夸其谈，但我当时的想法是死马当活马医吧，本来我也没啥希望了，还不如捞起这根稻草看看是否管用。

那么接下来我要回答的第一个问题就是：究竟什么是 CrossFit？

第2章

未知与不可知，究竟什么是 CrossFit？

在20世纪90年代末，吉姆·贝克（Jim Baker）是加州圣克鲁斯县一所小学的校长，业余时间经常在卡比度拉市（Capitola）41大道上的健身中心进行健身训练。有一天他和健身中心的一个私人教练聊起关于体能强健这个话题。那位教练是个退役的体操运动员，刚从洛杉矶搬到圣克鲁斯，名叫格雷格·格拉斯曼（Greg Glassman）。为了说明什么是强健，格拉斯曼问贝克是否会做深蹲动作？不用负重，不需要杠铃，也不用器械，就是一个最基本的徒手深蹲动作，也可以叫做从站姿开始的深度屈膝。贝克没觉得这个动作有啥用。常年以来他所有的腿部训练动作都离不开器械，在现代的健身俱乐部里这些器械训练仍旧是标准的训练动作。他一直用这些器械做腿伸展、腿举、腿弯举、髋外展和内收、提踵等动作。

贝克那时候五十多岁，早年的一场车祸使他身体的柔韧性产生

① 本章关于格拉斯曼的个人信息及其话语引用，均来自公开网络资源，包括他在CrossFit期刊上发布的视频资料和文章。作者在2012年4月5日与格拉斯曼曾经见过一面，但不属于正式采访性质。在一次与CrossFit健身馆老板们的讲座上，他曾经提到虽然以前也接受过记者采访，但无意通过这样的形式增加曝光率去推广CrossFit。目前格拉斯曼的做法是通过CrossFit期刊来回答媒体的问题。格拉斯曼关于CrossFit的讲座、授课和讨论，在网上有海量视频资料，从中可以看出他是个演讲技巧高超的话痨型人物。而且他说话的风格与其他正经的公司CEO截然不同，这在文中所引用他的话中足以体现。本书引用的其他人话语，如吉姆·贝克，是作者通过电话或邮件的方式经过采访得到的。

了很大障碍。一个深蹲动作马上暴露了他的问题，贝克只能蹲下去几英寸就再也没法继续了。“我根本无法起身，”贝克回忆到，“是教练拎着我裤子把我提起来的。”

很快格拉斯曼在健身中心的学员客户渐渐增多，贝克和他的妻子德布（Deb）就其中。学员中还有一位名叫伊娃·托朵肯丝（Eva Twardokens）的女生，大家都昵称她叫伊娃，她是曾经参加过奥运会的世界顶尖滑雪选手。贝克意识到格拉斯曼在健身中心是一个格格不入的离经叛道者，他的训练方法和这个地方的所有私教，甚至所有健身房里的教练都截然不同。格拉斯曼将摆放在键身中心价值好几万美金的健身器械视为摆设。就是那些极具技术含量且具有精确设计的阻力传动系统，极其舒适的人体工学设计的器械，在他眼里和狗屎没什么差别。他使用的都是自由重量或者他从家里带来的一些小器械，比如体操吊环什么的。

格拉斯曼用他自己选取的器械训练学员的做法让健身中心的管理层感到非常不爽。正规的力量训练就是在一架器械做完动作换到另一架器械继续，反复循环。所谓的有氧心肺训练就是在跑步机或室内单车上做长时间的低强度训练。而格拉斯曼力主高强度训练模式，其训练内容包括了基本的体操动作、力量举动作、奥举动作、冲刺跑、全力划船、跳箱。此外，还有一些健身房里很少见的哑铃动作，学员们会将哑铃离谱地晃来晃去。每次格拉斯曼的训练课总是显得乱哄哄的，学员们又跳又跑，没头苍蝇般转来转去，还有举、抛等各种动作，和周遭的环境极不和谐。

有一天，伊娃在格拉斯曼的指导下用杠铃练习奥林匹克举重动作。她这次的训练要冲击自己的最大重量，有几次试举失败，杠铃从头顶掉在地上，“duang duang”的巨大声响惊动了健身房的老板们。导致的结果就是格拉斯曼和他的妻子劳拉（Lauren），同在一个健身中心使用那套前卫训练方法的教练，双双被炒了鱿鱼。贝克回忆到:“这样的做法对于教练来说真是有点过了！”

格拉斯曼打电话告诉贝克这个消息的时候贝克还在上班。格拉斯曼对于自己的此类遭遇早已司空见惯，他在洛杉矶地区就是因为同样的原因被屡次开除，在各个健身中心辗转工作。不过南加州最不缺的就是健身房，所以此处不留爷，沿街再走几千米自有留爷处。但是在圣克鲁斯，这是个小地方，人口比洛杉矶少几百万，这里的就业机会并不多。贝克当时在和格拉斯曼通话说这件事，手头正好拿着新寄来的一张信用卡。于是贝克建议格拉斯曼不如自己创业开健身房吧，“我手头正好有张 Visa 卡，”他告诉格拉斯曼，“你可以用它去买点装备，开个自己的健身房。”

“即便当时混得如此潦倒，格雷格也没有放弃自己的梦想”，贝克回忆到，“他说，我们终有一天，会改变整个世界对于健身和身体强健的陈腐观念。”

但他当时处境实在不怎么样，和妻子劳拉蜗居在圣克鲁斯的小房子里，连辆代步的车都没有。现在连工作也丢了。我了解格雷格，他不是疯子就是天才，或者两者兼而有之。反正我们觉得跟着他就对了。

格拉斯曼用信用卡买了些哑铃，一根杠铃杆、一架划船机，然后在克劳迪欧·弗兰卡（Claudio Franca）的巴西柔术馆一角租了 400 平方英尺的空地。他在原来健身中心的大部分学员都跟着过来了。格拉斯曼每天把闹钟设在早上 4 点，实际经常比这个点醒得更早，唯恐睡过头误了闹钟。他每天凌晨匆匆吃点早饭，天还没亮就骑着自行车去上班，风雨无阻。训练课五点开始，一直持续到晚上。慢慢地，学员越来越多，格拉斯曼想搬到一个场地大点的地方。最后 CrossFit 的第一个总部诞生了，它坐落在圣克鲁斯东部的科研园大道 2851 号，这个地方的面积和一辆车的车库差不多大小，但这是真正属于他们的地方。

关于这个新奇健身房的消息不胫而走，人们都在说有这么个地方，教练采用一种激进的训练方法达成惊人的锻炼效果，训练课往往就在那六块停车位上进行，有时在旁边联邦快递设备仓库外面进行折返跑训练。由于学员持续增加，CrossFit 总部将隔壁的房子也吃了下来，这下面积终于扩充到相当于两辆车的车库大小了。

在 2002 年，格拉斯曼开始开班授课传播自己的健身理念和方法，CrossFit 官网也开始每天免费公布一个训练安排。同时网站也创办了在线杂志，上传训练相关的视频，格拉斯曼的弟子们也纷纷开始建立各自的 CrossFit 场馆。到 2005 年，一共有 13 家取得授权的 CrossFit 场馆，到 2012 年这个数目增加到 4000 多个，官网 CrossFit.com 每天有 150,000 访问者。

如何定义 CrossFit

什么才是格拉斯曼的愿景？什么是 CrossFit？它是一场颠覆传统健身理念的革命吗？没错！它和传统健身行业如此不同，会不会撬动这个市场规模高达 250 亿美金的庞然大物？会的！如果认真贯彻执行它的健身方法，会不会让你生不如死？是的！它是不是一个完全数字化的社交网络平台？毫无疑问，是的！

还要补充的是，CrossFit 是一种高强度的训练方法，训练课程强调短时间、高效用，这样才能取得不菲的效果。这是一个社交平台，让自恋的健身男女们展现自己前凸后翘的身材，充满浓烈的荷尔蒙气味。CrossFit 提倡将训练与饮食和日常生活相结合，从而提高生活质量。它还是吸引各项体育运动专家广泛交流合作的开源平台，涉及体操、举重和跑步等多个领域。它是天生具有领袖魅力与自学才华的格拉斯曼毕生的智慧结晶，这位宗师在数学、科学和生理学方面均有天才的造诣，连他自己也毫不讳言“我就是有点自负。”CrossFit 已成为一种声势浩大的健身运动，狂热的爱好者们就像集邮一样收集每一件 CF 主题的 T 恤。它成为了电视上体育赛事直播的宠儿，大家可以看到 CF 顶尖运动员的精彩比拼。同时它也是很接地气的草根社区健身活动中心，其吸引力并不亚于每个地方的教堂。

格拉斯曼这套独特的健身理念起源于他十岁开始的童年经历。他在加州的圣费尔南多谷长大，成长于一个火箭科学家的家庭，周围的社区住的也都是火箭科学家。他老爸是个研发战斗机武器系统的工程师，经常分派些古里古怪的活让他干。有一天老爸给他一把千分尺和满满一袋钉子，数量足足有 1000 颗！老爸要求他测量每颗钉子的长度并记录下来，精确到千分之一英寸，并画一张长度分布图。据说这个活能够帮助他学习如何进行数据收集。“我当时恨死那个老头了，”格拉斯曼说，“这个活非常累人，而且一点用都没有。”但当他行将结束数据采集的时候，却吃惊地发现那些记录的长度点分布的形态如图 2.1 所示。

图 **2.1**　钟型曲线

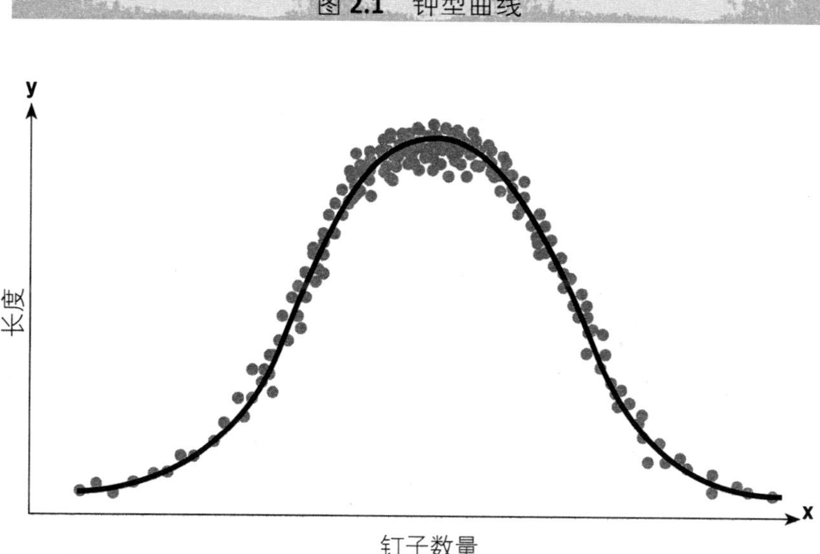

这不就是高斯曲线嘛，也叫钟型曲线，一袋 1.75 英寸长的钉子竟然呈现出如此完美的正态分布！格拉斯曼说：“无论是不起眼的日常知识还是高深的理论成果，其本质无不具有令人惊叹的简洁与优雅，而这一切都源于细致入微的观察和测量。”这个实验教会了格拉斯曼凡事不要先下判断，必须经过自己独立的观察和实践才有结论。同样对于他人的看法和学说，如果没有数据能够支持其观点，他是从来不会轻易相信的。

于是这么个从小具有强烈好奇心的孩子，开始采用实证方法尝试去解决生活中遇到的问题。到了 **1971** 年，格拉斯曼在高中成为一名非常投入的体操爱好者，虽然他没法一年四季都泡在体操馆。他最喜爱的体操项目是吊环，就是两根带子垂下挂着吊环的那种设施，这个项目需要强大的上肢力量才能完成各种动作。比如说“十字支撑”，运动员需要将自己支撑在空中，双臂平展打开，与身体呈同一水平面，至少需要支撑两秒钟以上。在非赛季，格拉斯曼不仅需要提高力量，肌耐力发展也是非常重要的一环。

在体操运动中，一套完整的动作，比如双杠上的两分钟固定套路练习，包括手倒立、翻滚、支撑等动作，表面看是将力量、爆发力和柔韧性相结合的完美呈现，但内在对肌耐力和心肺功能也有相当高的要求。外行很难察觉到这两个重要因素，原因是体操运动员在比赛时要尽量显得动作优雅，游刃有余，不然可能影响自己的评分。所以在比赛中，运动员进行规定动作表演时会尽可能避免出现气喘吁吁很吃力的模样。所以虽然从表面上看这些运动员镇定自如，但在双杠或吊环上完成一个两分钟的规定套路需要募集大量肌群和爆发力。

当时十多岁的格拉斯曼需要在非赛季好好训练体能，但进不了体操馆，他不知道自己一个人该如何进行力量训练。他老爸这时施以援手，将家里的车拖到室外，把车库整理出来给他做健身房。他还花了点小钱，19.95 美金买了套泰德・威廉斯（Ted Williams）的举重套件，门梁上装了一个引体向上架子。那套举重装备里有一些塑胶杠铃片，里面灌了混凝土，一根杠铃杆，还有一本指导基本练习的小册子。

格拉斯曼对于那本小册子里演示的基本动作，比如杠铃弯举之类的实在不怎么感冒。在双杠上即使做一分钟套路动作都比做这种愚蠢的杠铃二头肌弯举累得多。“我想要的东西，是能把你累得只能坐地上喘粗气的那种玩意儿，类似做一套吊环套路规定动作。”他还想开发一些类似体操中的复合动作，而杠铃弯举这类对二头肌的孤立训练，完全不是他的菜。

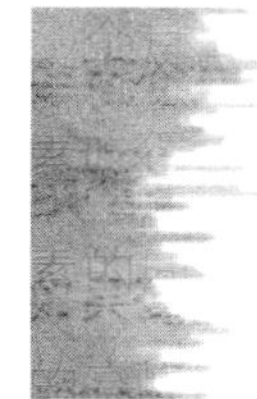

格拉斯曼想要那种做起来令人想吐、手足颤高强度训练，只有这样才能提高他的体能，轻松地完成一套吊环规定套路动作。

于是格拉斯曼开始自己编排训练内容，并将其与体操的自重动作结合起来，只要车库空间够大就拿来做。他将杠铃置于肩膀上，低于下颚处，然后尽可能低地下蹲，随即突然向上起身，将杠铃推向上空，最后锁肘稳定支撑住。这是一个前蹲和借力推结合的复合动作，这个被称之为“火箭推”的新动作就此诞生。要是一连做上十个火箭推，这种感觉一定很难忘，这才是格拉斯曼一直在寻找的训练动作呀！

格拉斯曼于是用负重的杠铃设计了一套训练内容，随意地选用了 21、15、9 这三个数字作为规定完成数量。为了达到进行吊环套路动作同样的强度，他必须全力以赴，计时尽快完成以下动作：

21 个火箭推

21 个引体向上

15 个火箭推

15 个引体向上

9 个火箭推

9 个引体向上

当完成最后一个引体向上时，格拉斯曼累得开始呕吐，将车库的地面吐得一塌糊涂。也许命中注定他会成为一名健身教练，这位年轻的体操爱好者穿着他带着呕吐污渍的 T 恤训练的时候引起了一个邻居小伙伴的注意。他是格拉斯曼体操队的队友，于是两个人在车库一起练，把那套动作又做了一遍，结果就是两人开始一起吐！

格拉斯曼曾经明确地阐述：CrossFit 的核心理念就是将他无意得之的那套令无数人做了会吐的动作进行反向推演而来的。他之所以喜欢那样的训练动作，是因为它对身体的感觉和做一套难度很高的体操动作的体验几乎一样。后来也有做警察的学员告诉他，他们在抓贼的时候常要快跑一段路，追上之后马上进行搏斗，那种状态和格拉斯曼的训练课内容效果别无二致。只有如此强度的训练才能让人体产生无氧状态下的强烈不适感。

20 世纪 90 年代开始，越来越多的科研成果报道开始青睐 HIIT 这个概念，即“高强度间歇训练”。研究显示，这种形式的训练方式效果远远胜过漫长枯燥的有氧训练模式。通过 HIIT 训练，你可以在短时内燃烧更多脂肪，刺激人体荷尔蒙分泌、减少细胞炎症、提高运动表现。关于间歇训练能够提高人体运动表现的研究案例曾经刊登在 2005 年的《生理学应用期刊》上。这项研究招募了八位年龄处于大学阶段的年轻人，所有人的体能水平都差不多，属于“娱乐活动的积极分子”。通过两周的间歇训练，8 人中的 6 人耐力水平增长一倍，耐力的指标采用他们尽力骑自行车直到力竭的时间长短来衡量。在 CrossFit 官网上每天更新的训练计划内容都是由复合动作或多项动作组合而成，恰恰也是安排间歇或者时间优先的高强度模式。

21-15-9 个火箭推和引体向上的组合，今天在 CrossFit 圈子里已是名声赫赫，成为家喻户晓的训练内容。CrossFit 运动中所有基准训练内容都有自己的名字，而这个训练组合叫做『弗兰』（Fran）。格拉斯曼给这些训练内容起名字，是为了往后可以少费口舌重复解释。“解释这些动作每次起码 5 分钟，”格拉斯曼在官网的一个视频里如此说到：“所以这样我只需解释一遍，然后给它起个名字。”当被问到为什么要给这些指标动作单元起女性的名字时，格拉斯曼如此回答：“既然有人老是用女孩的名字来命名那些破坏力惊人的飓风，那么我用她们来给训练内容起名，没啥不可以。”

『弗兰』这个训练内容如今在 CrossFit 圈子里已经成为一段传奇，很多 CrossFit 主题的 T 恤上会印着如下的话：“要爽的话赶紧约『弗兰』：21-15-9。”

如何定义强健：

格拉斯曼很快成长为一个非常全面的运动员，不过他涉猎的运动项目非常混搭，跨界很大。他喜欢练体操，也爱玩自行车，现在又迷上了举重。“在这三项运动中，有人可能在某一个领域比我厉害，但其他两项我肯定可以碾压他。”他如此说到。到了 16 岁，格拉斯曼已经开始培训田径运动员，传授他们基本的体操动作，以提高他们的爆发力。

格拉斯曼的住所附近就是威尼斯海滩，那里有家金吉姆健身中心，堪称全美健美爱好者心目中的麦加圣地。世界最顶尖的健美选手都在那里训练过，其中最知名的就是阿诺德·施瓦辛格了！但格拉斯曼很快就看出真相：那些大块头的健美运动员看起来运动能力很强，其实根本不像他们的外表那样强大。在金吉姆健身中心的器械上日复一日做那些健美动作套路，练出来的硕大肌肉群实在是虚有其表；夸张的肌肉也许具有很高的观赏价值，但并不代表他们具备高超的运动能力。

在大学时期，格拉斯曼怀疑一切的反叛气质已达顶峰。然而与此同时，他不仅喜欢研究数学和物理，对于文学也有孜孜不倦的兴趣。那个时代正值健身房在全美蓬勃发展的兴盛期，格拉斯曼看透了这些商业健身房所宣扬的那套健身方法，认为其中存在很多问题。他还注意到，健身器械的市场竞争也日益激烈，各大健身器械制造商比如 Nautilus, Universal, Cybex 等开始崭露头角。格拉斯曼很快开始质疑这些用于肌肉孤立动作的器械效果。他有自己的观点，比如花 15 美金买的引体向上杆和健身房里那种重上百磅、价值千金的锻炼二头肌的高级器械相比，哪种东西对于二头肌训练更有效？没有人做过比较！

在『弗兰』训练中所体会到的功率输出才是格拉斯曼孜孜以求的目标。然而他也听到一些来自专业运动科学界的声音，对他的学说嗤之以鼻。格拉斯曼认为，不管是体能、强健或者健康，都应该是科学概念，那么让我们把什么是“强健”？什么是“健康”？这些概念的定义说说清楚，试着取得一致。

格拉斯曼所指的“定义”必须是具体化的，能够获得工程师或物理学家这类人认可的科学定义。他把各类运动科学机构所给出的定义梳理了一遍，其中包括了“全美大学运动医学协会”这样的权威机构。但他发现每一方给出的定义都是泛泛而谈，模棱两可（比如说健康的定义就是“不生病”）。这些机构似乎都试图给出一个定义，它可以取悦从这个定义中有所得益的所有人。这就好像他们召集练瑜伽的、跑步的、举重的、有氧健身教练和经常练踏板操的都聚在一个房间里，非要这些人提出一个大家都认可的关于“强健”和“健康”的定义，不然谁都不许走。

格拉斯曼认为如果没有清晰可操作性的定义，那么私人教练们就看不到努力的方向，也没有合适的方法来衡量训练的效果。定义不清楚的话，你怎么知道自己是不是达到了“强健”的程度呢？有一次我去和格拉斯曼见面，他正和 CF 总部的助理们谈话，当时他们一起在棒球场里打棒球。他向下属解释了为什么要向外界阐述定义“强健”这个概念的必要性。他说到：“比如说吧，我们想知道这个场子里有多少个棒球，那么第一件事就是大家要认可什么样的玩意儿才称得上是‘棒球’。不然的话你在那边数你认为是‘棒球’的东西，我在这里数有几个是我心目中的‘棒球’，双方定义不一致，完全是鸡同鸭讲，不在一个频道上。所以我们大家要做的第一件事就是认同‘棒球’到底是个什么玩意。”那些教练和培训师们认为理所当然的理念、实验、结论，其实都可能是不切实际的空中楼阁。格拉斯曼再次强调，没有一个明确的科学定义，你就没有可衡量的标准，两者都不具备的东西是无法称之为科学的！

既然别人没法给出符合科学的定义，格拉斯曼开始自己着手研究。他要发掘出一个经得起科学推敲的关于“强健”的全面定义。

GPP 一般身体素质准备：全面审视“强健”

格拉斯曼将自己接触到的所有关于“强健”的定义梳理了一遍，经过仔细斟酌，他觉得“强健”的定义绝对不应该是指类似环法自行车赛冠军、夏威夷大铁冠军、卧推 700 磅或是健美的奥林匹亚先生这些人。1997 年，《户外》杂志推选出六次夏威夷大铁冠军获得者 Mark Allen 是“世界上最强壮的人”，格拉斯曼对此深表怀疑。他当然不是质疑 Mark Allen 在铁人三项运动中的杰出表现和崇高地位。他只是想问，那么田径十项全能冠军是否强壮呢？还有那些游泳、举重、体操或者赛艇的世界冠军，他们就不如铁三冠军强壮吗？谈到身体强健程度的话，应该包括哪些指标？力量、协调、速度、爆发力，还是肌耐力和心肺功能？这些指标在评判强健时各占的比重又是多少呢？

最后格拉斯曼的结论是作为教练，他的责任是帮助其他人提高身体全面强健的水平，这与专项体育运动的目标并不一致。一项纯粹的健身训练方法必须能够使训练者全方位地提高运动表现。他觉得 CrossFit 的学员们都应该全面均衡地发展，而不是一两项特别强，另外一些项目水平却很烂。所以一开始的时候，他从药球制造商 Dynamax 那里借鉴了其产品能够训练提高的体能项目列表，他觉得这个列表清晰地涵盖了身体强健的所有指标，它们是：

心肺耐力

肌耐力

力量

柔韧性

协调性

平衡性

敏捷性

准确性

爆发力

速度

“如果你这十项指标都很厉害，那么才算是个身体强健的人，”格拉斯曼在 2002 年的 CrossFit 期刊中如此写到。“CrossFit 这套训练系统就是要求这十个项目均衡发展。”格拉斯曼还指出，心肺能力、肌耐力、力量和柔韧性可以通过训练来提高；协调性、平衡性、敏捷性和准确性必须通过不断重复练习才能取得进步；速度和爆发力则要通过训练和重复练习相结合才能有所发展。

为了描述这种各类情况都能应付得来的体能状态，格拉斯曼起了个术语称之为“一般身体素质准备”，或简写成 GPP。格拉斯曼认为只有了解自己一般身体素质准备的高低程度才能找到自己的弱点，并针对其进行训练，不断加强，方可提高。

功率：身体强健的硬通货

如果要定义并衡量一个运动员在这十项能力上的高低程度，格拉斯曼坚信有唯一的有效计量指标，这个指标和评价赛车的性能一样，就是功率。用工程师的话来说，就是力乘以距离除以时间。比方说，你有一个 50 磅重的沙袋（代表重力是 50 磅），你在 1 秒内将其提高 1 英尺，那么你的功率输出就是 50 英尺 · 磅 / 秒。在计量单位里，这被称为瓦特。

格拉斯曼于是得出以下结论，通过训练后测量在不同时期的功率输出，就能知道自己是否取得了进步。比如我可以通过一个月的训练，测量自己举起一个 50 磅沙袋的功率输出变化，从而计算出自己在这一个月里进步了多少，以此了解自己的强壮程度。格拉斯曼理想中每个 CrossFit 训练都能用这种方法进行量化、解释和研究，所以他喜欢采用一些能够简单明晰套用这种功率计量模式的训练项目。设想一群人在做这样同一个训练单元，时间、重量和距离都明确地显示在那里，他们可以用功率输出结果来排出自己的成绩，从而明白自己在运动能力上的高低水平。

格拉斯曼认为，训练中的功率正是我们讨论所谓训练强度的关键所在！格拉斯曼采用的模型中揭示了功率和强度其实就是一回事。他没有采用心率这个代表强度的结果指标，他认为心率是强度的副产品，但并不代表强度本身。他也根本不在意什么体脂含量、血压之类的。在他的整个训练体系中功率的大小才是最重要的硬通货。只有功率输出的数据才可以经过测量画在纸上，如同当年那一袋钉子的长度。

格拉斯曼还发现，当在测量功率输出的时候，这个过程不仅是作为科学研究，我们还可以将这种可计量的活动变成比赛。

我们可以找来一批人，共同做同一个 CrossFit 的训练，然后用英尺・磅 / 分钟或瓦特来测量比赛结果。只要有计时器，待每个人都做完后，很快就会分出谁是第一，谁是第二。这样的话体能强健一下就变成了一项体育竞赛。这在以前健身房的训练里是从未有过的，这将会成为全新的体育赛事。

在给“强健”寻找定义的过程中，格拉斯曼认为还应该涵盖一种可以衡量锻炼效果的标准。比如说可以找某个运动员，在他完成一个训练单元的过程中，记录下他的每次动作所移动的重量或其体重、移动的距离、完成的时间，将这些数据保留存档。四周以后，让这名运动员做同样一次训练。通过两次数据的对比，就可以看出他在这四周的进步程度。他也许把时间缩短30秒，或者移动的重量增加，或者兼而有之。这样格拉斯曼就可以将新的数据套入功率输出公式（功率 = 力 × 距离 / 时间），将其制成图表，观察功率输出的提高程度。

格拉斯曼对于强健的定义在此时将要大功告成。他的这个定义也许无法取悦那些运动科学家们，却得到了他周围工程师和数学家朋友们的认同。他们称赞："没错，明摆着就是这么回事，太赞了。"使用牛顿力学中的经典公式，利用功率输出的观点来衡量强健的标准，堪称纷繁复杂的关于"强健"定义中最简洁完美的一个。格拉斯曼终于可以给"强健"下一个全新的定义了，一句话：强健就是"基于时间和内容来衡量的做功能力"。

格拉斯曼很喜欢这个定义，因为可以直接用它来制图，学过高中代数的都可以看得懂。时间是X轴，功率输出是Y轴。每个练CrossFit的人都可以将相同的训练单元成绩制成这样一张表，从而看到自己的进步程度。

这个功率输出公式简直无敌了，像万金油一样套在哪里都可以用。无论是跑步、引体向上、举重，或者俯卧撑，甚至可以测一下投棒球的功率。如果把以上这些项目组合在一起练，这个公式同样可以测出总的功率输出。这样的话教练可以有目标地设计各种动作组合的训练内容，持续1秒钟也好，2分钟也好，或者长达20多分钟也没有什么不可以。教练所要做的就是把训练结果记录下来制成图表，如同格拉斯曼童年时测量那一千颗钉子长度做的那样。

利用这个公式，运动员可以将自己各个项目的个人纪录制成图表，无论是硬拉和深蹲这样短时间大重量的动作，还是需要花 20 多分钟完成的 5000 米划船之类的项目。CrossFit 中绝大部分动作都可以用功率输出和时间作为记录指标，所以理论上来说你在 CrossFit 健身馆所做的每一个训练成绩都可以画成这样的一张图。众多个点会生成一条曲线，格拉斯曼会向你解释，曲线下方区域代表你目前的身体强健程度。那些偏离曲线距离较大的点代表你特别强或特别弱的部分（如图 2.2 所示）。

图 **2.2**　做功能力等于强健程度

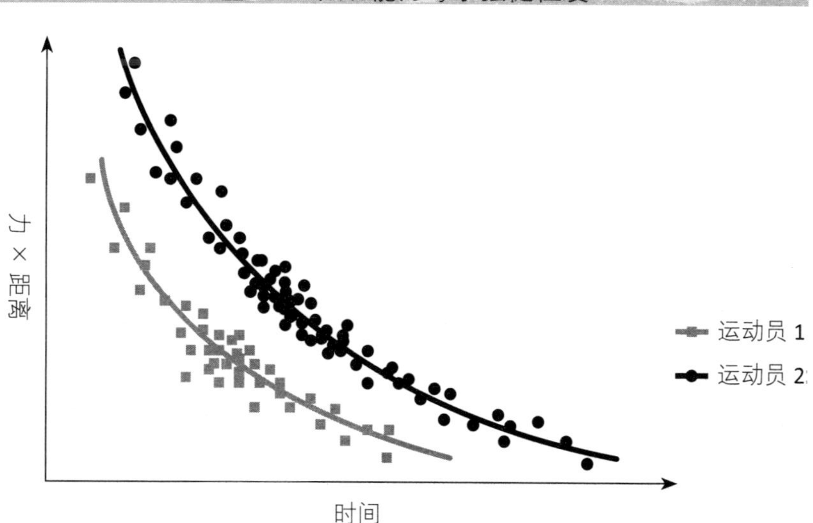

根据格拉斯曼对于强健的定义而制成的两个运动员功率输出图的对比。将同一训练所完成的时间和做的功记录下来，可以生成图上两条曲线，每条曲线对应这个运动员的目前强健程度。

更重要的是，在这个功率输出图表中所要运用的格拉斯曼关于健身十项指标项目越多，就越能全面体现这位运动员的身体强健程度：心肺耐力、肌耐力、力量、柔韧性、协调性、平衡性、敏捷性、准确性、爆发力、速度，缺一不可。在格拉斯曼眼里，身体强健不欢迎偏科生，不管你马拉松跑多快或者杠铃卧推能推多重，真正的身体强健优等生是十项综合素质总体排名能够名列前茅。综合素质高的选手无论什么运动都很快可以上手精通，也就是说他的“综合体能准备”能力比较高！

格拉斯曼认为，要全面了解运动员的体能强健程度，必须具备衡量“综合体能准备”变化的标准，并以此来测量每个运动员的能力变化。他主张衡量的标准有两个维度，广义时间维度比如做最大重量硬拉的那短短几秒钟，也可以是跑 5 公里或 10 公里的最短时间。还有就是广义综合性维度，运动员的测试项目需要运用的十项健身指标越多，结果就越具有代表性。他认为它还能让教练了解运动员在整个新陈代谢活动中的能量调用变化。在一个训练单元中，有三种新陈代谢机制参与，分别是分解磷酸原、葡萄糖酵解和氧化。磷酸分解主要为短时间高爆发力的运动项目提供能量，时间一般不超过 10 秒钟，比如最大重量硬拉。糖酵解为中等程度的时间和强度的运动供能，比如 500 米划船竞速。氧化为长时间的运动供能，比如 10 公里跑。一张能够全面展示运动员强健程度的图表，采集的训练单元数据必须包括全部三种能量供应系统。

无论健身者是在 CrossFit 健身馆还是利用网上公布的训练进行训练，只要他 / 她将每天的训练成绩坚持记录并按上述方法制成图表，就可以了解自己健身的进步变化。

除了功率，格拉斯曼认为 CrossFit 还包含另外三个关键法则，它们共同组成了这套看似疯狂的训练理论体系。第一个是准备对付未知情况；第二个是拒绝一成不变，训练永远要多样化；第三个是那张功率输出图的 3D 变化中的第三根轴。

未知与不可知

专项运动员长年累月地训练自己的专项比赛，例如朗斯·阿姆斯特朗（Lance Amstrong），他曾经是环法自行车赛多年的王者，环法赛永远是他训练的目标。而格拉斯曼定义中的所谓真正强健绝不是单单专项运动的出类拔萃。他认为强健应该反映一个人应对突发事件的身体能力，这样的突发事件他称之为“未知与不可知”。

在一次讲座中，他要求下面的学员们设想这样一种情况：一个消防队员赶到一座摩天大楼救火，他压根不知道会遇到什么样的突发状况，每天的训练就是为火场中可能遇到的各种情况做准备：要不要在 40 秒内背着 200 磅的消防设备爬楼梯？要不要又跑又跳？要不要翻墙后冲刺进火场？还是这些动作都少不了？警报一响，必须立即行动，消防员可没时间去仔细了解各项要求？他也压根不会像练田径的专项运动员，训练 9 个月就为了拿 1500 米跑的世界冠军。同样的职业要求还包括了军人和警察。这就是基于格拉斯曼的理念对于身体强健的理解：在生死攸关的时刻，个人体现出的全面运动能力。

这个理念在 CrossFit 全球总决赛中得到了淋漓尽致的体现。只有比赛开始的那一周，运动员才会知道自己要进行哪些项目的比赛。所以为了准备这样的比赛，他们平时必须进行尽可能广泛的项目训练。

一成不变是 CrossFit 的天敌

在 CrossFit 的定义中，“持续变化”是非常关键的要点，格拉斯曼对此曾经不厌其烦地强调。CrossFit 训练课内容今天和昨天不一样，和明天也截然不同。CrossFit 训练者最多可以提前一天知道第二天的训练内容，而在有的馆里只有来上课了才知道今天要练些什么。每天的训练不断给身体带来惊喜，如此它才不会堕入陈规。或许格拉斯曼早年在金吉姆健身中心，看到过那些私教们日复一日、年复一年地让学员重复做同样的动作练肌肉；或许他看到过专项运动员们老是在重复同样的训练，但搞不懂他们为什么一点进步都没有。在 CrossFit 的圈子里，经常被提及的口号就是：“一成不变是天敌”。格拉斯曼曾经提到过，在 CrossFit 里有个“彩票机模式”，你可以把一些要做的训练项目放在一个彩票机漏斗里摇，摇到的几个就是你今天要做的训练单元。这种随机出现的训练模式，几乎是为消防员或军人量身定制的，如同他们要不断应对的那些“未知与不可知”事件。

运动生理学家 朗·基尔（Lon Kilgone）经过对 CrossFit 的仔细研究，认为这样的随机特点有待商榷。因为长期随机挑选训练内容的话，运动员无法有针对性地制定训练计划，丧失了采用特定的训练提高自己不足之处的机会。“虽然我内心非常认同这种随机训练模式的目的，”他说：“但如果让我随机挑选的话，我可能选到对我很有效的训练项目，也可能选到某些训练项目，没法给我带来很好的训练效果。”

基尔认为降低训练的随机性会让 CrossFit 教练的工作更好开展，他们可以更有针对性地制定计划促进学员取得更大进步，当然这样做的坏处可能减小了悬念，没法让学员惊喜不断。“高明的课程编排和选择训练内容组合，能够带来更好的健身效果，”他如此指出。“我深信，在 CrossFit 体系中课程编排是必不可少的一个环节，虽然这样做会丧失一些训练的趣味性。”

去健身馆揭晓当天的训练课内容，如同孩子拆圣诞礼物那样好奇并迫不及待，你每次总是渴望窥探馆内乾坤。

图形的第三根轴

在前面提到的功率输出图的基础上，格拉斯曼又加了第三根轴，以 3D 立体模型的概念更加全面地展示人体的健康程度。这第三根轴的维度，是以年数为单位的时间跨度。随着运动员年龄增长，这张三维立体图将显示他在每个年龄段的身体强健状况，形状有点像窗帘被拉起一角。格拉斯曼说："那块窗帘下方的区域，代表他所定义的健康程度。运动员将所完成的训练单元结果记录在这张图上，就可以看出 1 年前、5 年前、甚至 20 年前做功能力的变化。"

虽然第三根轴与时间维度有关，但与个人寿命牵涉甚少。在格拉斯曼对于身体强健和健康的定义里，做功能力永远是优先级最高的主题。在讲座中，格拉斯曼一直提醒学员，不要拘泥于总是将健身与延长寿命或者避免生病之类的话题联系在一起，首先要关注的应该是如何在有限的生命中提高自己的生活质量。你在老年时的做功能力，就是老年人的独立生活能力，可以自己起床，上下楼费劲，可以自己享受生活。也许老年的你胆固醇指标一切正常，血压良好，也没有任何癌症，但这一切并不代表你的生活质量很高，也无法保证你的身体行动功能良好，避免躺在医院的病床上。

格拉斯曼产生这样的想法，与他奶奶最后十年的晚年生活有很大关系。"那十年里，虽然她还活着，但不知自己身在何方，不知自己是谁。就这样直愣愣躺在床上什么也干不了。"格拉斯曼说他能想象到最可怕的梦魇就是现代医学技术将他的生命延长到 135 岁。他情愿活到正常点的人生岁数，把多出来的那些年寿命换取多点身体活动能力。

他认为所谓身体强健，就是到了晚年不用呆在养老院过着衣来伸手、饭来张口，整天只能呆在屋子里看肥皂剧的日子。"你的目标是在 90 岁的时候，仍旧可以与另一半享受鱼水之欢，也可以在遭到打劫时将歹徒轰杀仆街”。

不要解释，给他看

对于“什么才是 CrossFit”这个问题，格拉斯曼坦白说答案并不简单。他比较中意的一个选择是带提问的人去 CrossFit 健身馆练练，让他做个体能训练。这样的训练内容一般以高强度无氧动作为主，比如『弗兰』就是其中的典型。当提问者终于满足了自己的好奇心，累得躺倒在地、气喘如牛的时候，格拉斯曼此时会施施然凑近对他说:“这就是 CrossFit。”

但是 CrossFit 永远是在变化的，每一个地区，甚至每一个 CrossFit 健身馆，都有自己的训练特色和社区文化特色。格拉斯曼自己非常清楚这一点。CrossFit 这个体系一直处于动态变化中，随之它的定义也将会有改变。格拉斯曼认为 CrossFit 全球总决赛的作用之一就是将世界各地能力卓越却不为人知的 CrossFit 运动员发掘出来。试想，如果一个小镇上的小馆贡献了多名参加全球总决赛的优秀选手，同时他们还取得了令人瞩目的成绩，那么肯定每个 CrossFit 训练者都想去那里取经，参观他们的训练。

对我自己而言，了解 CrossFit 最好的方法就是加入某个 CrossFit 健身馆练一段时间。我的初衷就是如此，因为当时对 CrossFit 一无所知。

第 3 章

馆内乾坤：CrossFit 健身馆里的小天地

在圣迭戈这个地方，至少有10家CrossFit健身馆，称得上CrossFit发达地区。我的住所就在靠近第三十街和索恩大道的北园街区。周围散落着很多刺青工作室、啤酒屋、咖啡馆，还有骑着死飞在这些地方四处流窜的潮人一族。就是这么个小地方，我开车一脚油门就能看到的CrossFit健身馆就有四个。我本想挨个考察下，却发现有个叫做“CrossFit极乐园”的馆新搬到三十大街和Adams大道那里，离我住的公寓仅几步之遥。

其实不去专门的CrossFit健身馆一样可以自己练。CrossFit.com官网提供了很多免费的训练资料，是指导新人的良好途径。不论这样的新手是在达科他州人迹罕至的荒野里开垦种地，还是驻扎在阿富汗山区陆军布法罗连里服役，只要能连上互联网，就可以开始CrossFit训练。从2001年2月10日开始，CrossFit官网每天会上传一个训练单元内容，并附有各种动作讲解和标准动作的视频链接。这一切统统免费。训练者还可以找到很多介绍如何在家搭建CrossFit健身房的文章，并按照在线课程进行训练。如果支付25美金的年费，你就可以订阅电子杂志“CrossFit期刊”，里面有海量的训练资料，包括过去十年里所有极有价值的文章、视频和音频资料。同时，官网也非常鼓励训练者将自己的训练成绩和心得在论坛上分享。

单人黑练

刚开始我选择自己一个人练 CrossFit，采用的是一种针对跑者设计的 CrossFit 耐力训练课程。由于自己是洛杉矶健身中心的会员，所以就打算在那里就地取材训练。洛杉矶健身中心是个大场子，整整有两个楼面，齐刷刷地摆放着好几排 Cybex 器械，自由重量的哑铃和杠铃、上百台心肺有氧运动设备，还有一个篮球场和一间大操室，一天到晚各式各样的操课从不闲着。

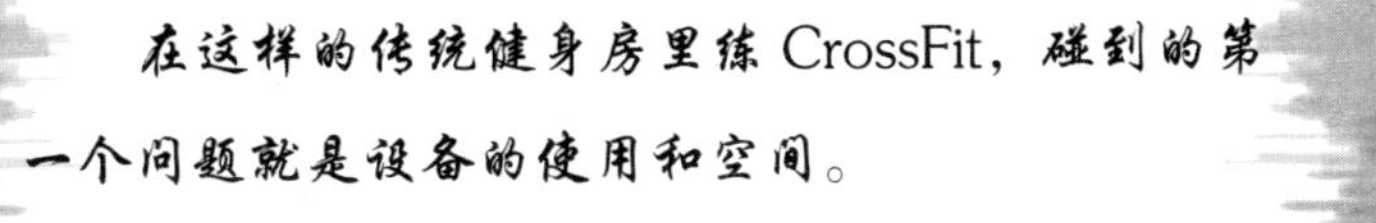

比如我曾经做过一次训练，内容是四组 500 米划船、10 次 125 磅的硬拉和 5 个引体向上。那么我需要在自由重量区域做硬拉，划船机在远离 25 码的地方，引体向上的架子在划船机旁边。在杠铃架区域做硬拉的时候，我差点绊到后面一个正在做卧推的老兄的腿；当我划完一组船去做别的动作时，划船机就被别人用了，我不得不等别人离开才能划下一轮；引体向上的地方也是同样的情况。我需要在几个地方跑来跑去，一边跑一边祈祷千万不要有人把地方占了。

在做 CrossFit 训练的时候，一旦不得不停下来等别人用完杠铃或引体向上杠，就会令人非常沮丧，因为它会导致强度立马下降，丧失训练效果。强调高功率输出的 CrossFit 训练，一定要越快完成越好。

所以在传统健身房里进行 CrossFit 训练的话，如同每个晚上赶在超市全部关门前去闪购，你会变得非常狼狈。但我家里也不够大，没条件装备一个 CrossFit 家庭健身房，所以我必须另想出路。

还有个问题就是我发现传统的健身房训练方法和 CrossFit 训练简直是来自不同星球的两种东西。所以在同一个地方的同一时间操练这两种根本对立的玩意，矛盾将不可避免。传统健身训练讲究循环练习，先确定训练要完成的动作和次序，然后从一架器械练到下一架器械，还得注意轻拿轻放，动静尽量小，别吵吵闹闹影响别人。在 1979 年我就接触过循环训练的方法，那时我在高中打美式橄榄球。我们教练采用了当时衣阿华大学橄榄球队的体能训练法：在举重房里进行力量训练，每个动作只做一组，循环练习每个动作，一周三次这样的力量训练，每次训练半个小时。每个动作做完一组不能休息，必须马上进行下一个动作。我不清楚用这套方法可以练成多少优秀的橄榄球运动员。不过有一点是显而易见的，我们一共 60 名队员对这样的训练记忆犹新，因为它的节奏比传统的健身房训练节奏实在快太多了。想想那个健美圣地威尼斯（Venice）海滩健身中心，大块头们老喜欢做很多很多组的卧推，每组间会聊天插科打诨，大把的时间就这样浪费掉了。在那里，能够卧推 300 磅的大力士是每个人的偶像。

在洛杉矶的健身中心，你可以看到健身的人们忙忙碌碌在做各种运动，他们从一架器械练到另一架器械，有些人看得出在按照训练表的次序在练，而更多的是下面这种情况：你看到一种器械挺新鲜的，就上去摆弄几下，做几组动作。然后继续找下一种觉得好玩的器械，再做几组动作。差不多练了半小时，你觉得该去练有氧了。于是找台跑步机或椭圆机，一边练一边看书、看报、看电视。最后做个拉伸结束，或者什么也不做就走。这就是我练 CrossFit 之前三年在洛杉矶健身中心的样子。这样的训练既随意也没什么针对性，自然不会有什么明显的效果。

那么现在仍旧是在这个地方，周围的人继续从一种器械换到另一种器械地练，而你则要练 CrossFit，需要用到三四种不同的设备和 / 或场地。你的训练不会持续半小时那么久，如果所有装备和场地准备得当，只要全力以赴地进行 12 分钟高功率输出。但别人不知道你的需求，也没有理由让你。所以在这样一个繁忙拥挤的传统健身中心，你很难有条件去完成 CrossFit 的训练内容。

除了场地和设施的冲突，还有另外一种矛盾存在，而这个矛盾可能比前者更尖锐。CrossFit 那种暴力十足、一定要拼个你死我活、和自己死磕的训练风格与传统健身房有条不紊的训练方式完全格格不入。这是两种截然不同的曲风，如同一边是崔健的撕心裂肺、另一边是邓丽君的柔情似水；这边在唱《一无所有》那厢却响起了《甜蜜蜜》；一边风火急急如律令的糙汉们鏖战沙场，另一边却是青葱闺秀巧梳妆贴花黄。这样的场面想想也是醉了。

设想一个 CrossFit 训练者在传统健身房拿着 50 磅的壶铃做壶铃摇摆，旁人会感觉这么大的壶铃随时有脱手的危险，它会穿过墙壁砸进对面的壁球室。我在洛杉矶就是这么干的，周围的人用或是关切或是不屑的目光看着我。我感觉终有一天，一个穿着印有公司

Logo 的 T 恤、打扮整洁的教练会过来阻止我，说我这样的训练可能对他人造成伤害。但很奇怪，从未有人过来劝阻我，即便我这样的做法确实可能伤到别人。

多数 CrossFit 的训练都是短时间高强度，尽力摆脱身体的舒适区，以此达到训练效果。所以在传统的健身房，假如你一个人在做 CrossFit 训练，周围都是和你不在同一频道的健身人群，那么为了不讨人嫌你练起来会有所顾忌，但这样就无法达到全力以赴的程度。至少我个人是这样认为的。有时候我的训练达到了心率最高区域取得了效果，有时感觉却没有。但每次我在洛杉矶做完 CrossFit 回家的时候，总觉得会留点遗憾，认为还没有达到自己的极限。

最后还有一点不适合在传统健身房练 CrossFit 的理由是：CrossFit 所做的动作都是全身性的复合动作，比如深蹲、硬拉、抓举、跳箱、引体向上、划船之类的。每个动作的难度技巧都不低，学起来要注意很多技术环节。你当然可以在网上看视频教学，然后在传统健身房模仿练习这些动作，但这种做法存在很大的风险。没人会告诉你动作正确与否，也没人来帮你纠正、让你安全标准地完成那些动作。这样长此以往，受伤的风险相当高。

所以当我来到 CrossFit 极乐园（CrossFit Elysium）后，我立刻就心动不已决定加入。而且这个健身馆离我家很近，骑车就能到。

CrossFit 极乐园

极乐园，根据牛津美语词典的解释是“古代英雄阵亡后被诸神带去安息的乐土”或者是“极乐之所在”。在希腊神话中，某些凡人如果完成了英雄史诗任务，也可以进入极乐园归隐。但你千万别认为那个名叫“极乐园”的 CrossFit 馆也应该是鲜花遍地、芳草萋萋、小河流水，是一片宁静祥和的土地。

CrossFit 极乐园是由一个仓库改建的，旁边是一家汽车经销商。往南走半个街区是一家专卖二手车，还是二手警车的经销商，那里停着好多退役警车，警灯和警报器都拆了，车身黑白标志也渐褪色。往北走半个街区是家刺青工作室，街对面还有家刺青工作室，再走到下个街区又是一家刺青工作室。这还不是重点。往南隔着几个街区不远处，有一家名叫”暴风”（Toronado）的啤酒吧，CrossFit 极乐园的学员经常光顾。这个地方看似很低调，摆放着简单的露营桌，啤酒柜也不大。殊不知“暴风”与极乐园的那帮英雄们交情匪浅。

我去 CrossFit 极乐园是在 2011 年 7 月 1 日，虽然之前做了些调查，但对这个馆仍所知不多。我只知道一件事，这个极乐园是个自我风格强烈、自成一体的小天地。其实这也是 CrossFit 商业模式的特点之一，每个馆主都可以根据自己的喜好打造 CrossFit 健身馆的独特风格。CrossFit 并非类似星巴克或金吉姆这样的加盟店模式，加盟店的商业模式要求每家店都标准化，从上到下均保持一致。而

CrossFit 采用了授权认证的模式，每家 CrossFit 健身馆的经营都有高度的自由独立性。

申请取得 CrossFit 授权的过程简单明了。要开一个 CrossFit 健身馆，你先要参加一个为期两天的学习班，通过考试取得一级的教练证书。然后递交健身馆的申请表，并附上简介。一旦申请通过后，每年支付 3000 美金授权费就可以了。CrossFit 总部对于每个授权健身馆的指导意见非常宽泛，在 CrossFit.com 官网如此表述："CrossFit 过去、现在和将来决不会采取加盟店的模式。我们所有授权的健身馆，都取得了 CrossFit 这个品牌的使用权，并在这个品牌名下集合健身人群进行多变化高强度的功能性运动，分享合理可信的资源。"从这个声明上可以看出，每个授权健身馆都有非常大的自由度，导致它们的社区风格、设备、教练质量、开班规模和训练的着重点都各不相同。当然，会员费的差别也很大。

意识到这点，我第一次走进极乐园时不知道这到底会是个什么样的地方。刚进门的地方是个宽敞的空间，天花板吊顶较低，撑着几根柱子，转到左边就是前台。柜台后面的桌子上放着一个咖啡壶和一桶蛋白粉。桌子旁坐着一个人在电脑前工作，他满头卷卷的黑发，带了顶红帽子。我走到柜台前，这人都没用正眼瞧我，仅用眼角瞟了我一眼。后来我知道他叫保罗·艾斯特拉达（Paul Estrada），是这个馆的合伙人之一，也是主教练。

"你好，"艾斯特拉达对我招呼。

"你好。"

沉默。

我继续说到：“我想来你们这里。”

“好啊。”

沉默。

艾斯特拉达的眼睛盯着电脑屏幕，一边回答我。

“那我应该做些什么？”我问。

艾斯特拉达终于抬头看了下我，三言两语把流程介绍了一遍。下周我可以参加基础课的训练了。

基础课，在有的馆也叫“入门课”，它的学习内容各个馆都各不相同。在极乐园，你要学习一个月的基础课，在没有负重、无强度或者强度非常小的情况下先学会各个动作；你要接触 CrossFit 训练的基本流程和训练形式，还要学习一些动作的术语比如“借力推”和“跳箱”之类的；你会学到如何做一个最基本的深蹲，不用负重的那种，仅用一根质量很轻的 PVC 管，甚至 PVC 管也不需要的徒手深蹲；你还要学习如何爱惜所使用的训练器械。在金吉姆或其他的健身中心教练都会负责在关门时把学员用过的器械安放原位，但在 CrossFit 健身馆可不是这样。在入门阶段，馆里的教练对待你的方式可以被称之为“粗鲁的爱”。如果你用一根杠铃杆和 2 片 25 磅的杠铃片进行训练，那么结束时必须自己把东西放回原位。

另一种“粗鲁的爱”的表达方式是课上用的罚单板。破坏场馆规定的行为会受到惩罚。比如说，在极乐园，要是自己的训练器械打到旁人，是非常严重的行为，要做 200 次俯卧撑跳作为惩罚。上课迟到一分钟就要罚做几个俯卧撑跳，数量随着迟到的分钟数不断累加，就像银行计算的复利一样。

基础课可以消除新人的恐惧和紧张心理。一个好的 CrossFit 健身馆，必须对新人与一口气能做 50 个引体向上的高手一视同仁。事实上，馆里的高手往往会是第一个来祝贺你成功完成自己平生初次引体向上、俯卧撑或其他动作突破的那位。不管馆里的新人是个身材走样的健身菜鸟，还是其他项目的运动员，都会有同样的体验和对待。

我觉得自己对 CrossFit 已经很熟悉了，可以跳过基础课直接上手，而且不想等到下周再开始上课。我打算当天就开始训练，于是询问是否能跳过入门课阶段。艾斯特拉达怀疑地看了看我，最后竟然同意了。不过他提醒我，要是我能力不够，训练很勉强的话，他们会让我重修基础课。

于是我把信用卡给他刷了。他给我一份薄薄的欢迎手册，几张只钉了一个角的简陋纸册，封面印了极乐园的 Logo。就这样，我成为 CrossFit 极乐园的正式学员了。

“今晚有训练课，”他说到，“星期天也有一堂，我们周一也开门。”于是他又回电脑边干自己的活了。

周一是七月四日。

“我今晚会过来。”我说。

一个健身馆的诞生

在 2011 年 6 月极乐园搬到我住的街区之前，它已经开业一年半了。艾斯特拉达和他的合作伙伴里昂・张（Leon Chang）最初练 CrossFit 的时候就在张的后院自己搭了设备。艾斯特拉达以前是“24 小时健身中心”的一名健身教练。

艾斯特拉达之所以喜欢上 CrossFit，是因为有一次他在“24 小时健身中心”自己做了『弗兰』，完成后瘫倒在地。“我大概缓了半小时都起不来，”他告诉我。“最后我终于坐起来了，但又过了 20 分钟才能走动。我以前觉得自己对健身训练很懂行，知道该如何训练学员，该如何训练自己努力进步。但那次以后我的世界彻底改变了。”

张是跟着一个朋友开始训练 CrossFit 的。“他是个前海军陆战队员，做了很多年的健身教练，”张告诉我。“他开始 CrossFit 训练也才几个月时间，但很快取得了认证教练资格。因为我们都是朋友，他就让我去试几次训练课。”

“刚开始那几节课我差点熬不过去，”张说到，“我曾经是个游泳运动员和足球运动员，觉得自己的运动能力很强。但那些简单的身体自重动作，还有重量很轻的杠铃，简直让我生不如死。”

张的进步神速。他体重从 175 磅减到 145 磅，从此对 CrossFit 的喜爱便一发不可收拾。

张后来和艾斯特拉达一起训练，场地选在自家的后院。他买了一个深蹲架、一根杠铃、一些杠铃片，还安装了引体向上杆。“我们几乎每天都要训练，后来也越来越熟练，可以用有限的空间和设施做几乎所有的 CrossFit 动作，”张说到。后来他参加了一级 CrossFit 教练培训班。“保罗于是把他在健身中心的学员带来我这地方练 CrossFit，”他回忆到。“人最多的时候同时有 5 个人在练，我们不得不把地方扩张到车库和人行道上，还引来邻居们的围观。”2009 年末，艾斯特拉达和张打算合伙自己开个正式的 CrossFit 健身馆。

艾斯特拉达向家里借了点钱，开始和张一起合伙创业。他们保留了张后院的那点设施，还购置了一些新器械。老学员们跟着他们来到新开的馆，随着学员们的口口相传，渐渐有了点名气，学员数慢慢增多。一年后，张告诉我学员增加到了 50 个。到那个时候，他们感到地方越来越不够用了，场地也产生了各种其他问题。

对于邻居们来说，每个 CrossFit 健身馆都是超级噪音制造者。和传统健身房不一样，在 CrossFit 健身馆丢杆摔杆是像呼吸一样正常的事情。这里的杠铃片都是专业举重杠铃片，有防震保护，不会轻易摔裂，不过落地的声响在所难免。在 CrossFit 训练中，有时候丢杆是非常必要的，比如说在练习奥林匹克举重动作和大重量硬拉的时候，丢杆动作可以保护运动员在冲击自己的最大重量时保证自己的安全。在硬拉起自己的最大重量后，如果慢慢放下杠铃背部肌肉极有可能受伤，而且要慢慢放下自己的极限重量也几乎是不可能的。所以 CrossFit 训练者在举铁失败时最常用的动作就是丢杆。当你试举自己最大重量的过头深蹲动作时，杠铃处于你的头部正上方，双臂锁死，完全有可能因重量过重而失去平衡。那么当你遇到这样的情况时要做的就是将杠铃往前扔在地上，离开你几英尺，这样才不会被砸到。

必须承认，丢杆不是健身馆唯一的噪音源，训练时学员发出的嘶吼或呻吟也很惊人。而且在做训练时，基本上所有馆都会放吵闹的摇滚，像重金属、黑金属、急速、死亡金属、毁灭金属。谁都不知道为什么 CrossFit 的健身馆都有那么强的末日情结。这些音乐往往让整栋建筑都一起摇摆，所以大多数 CrossFit 的健身馆都会远离居民区，选址在工业区里。它们经常与木材厂、垃圾处理中心或废弃的厂房为伍。你可以设想下，一节课如果有 10 个以上的学员，他们都把杠铃举过头顶然后扔地上，那种声音可以媲美惨烈车祸的巨大声响。这样极乐园的邻居们难免会不发表意见。

在第三十街的新馆原来是个废弃的仓库，是一栋占地 4200 平方英尺的全混凝土建筑，有 25 英尺高。这样的高度足以安装爬绳和吊环等器械。南面墙上钉着高低不同的引体向上杆，地面上铺着黑色的防震地垫，几个深蹲架旁边还安装了举重台，那里的地面铺了 3 英尺见方的抛光木地板，在地板上练习奥举动作，可以提供很好的稳定性。天花板上垂着两根爬绳，一根绿色的粗点，一根土黄色的细点。靠东面的墙边垒着一堆杠铃片，重量从 45 磅到 10 磅不等，都是标准的奥举规格，外层包裹了防震套。角落里树立着一些杠铃，男子标准重量是 45 磅，女子标准重量是 35 磅。

北面的墙上挂着两块白板（如图 3.1 所示），上面写着每次训练课的内容，还有上课的学员名单和他们的成绩。成绩一般有两个部分，一个记录力量训练中的次数和重量（比如硬拉 3×3，250，260，270，代表三组连续三次的硬拉，后面是对应的硬拉重量），另一个记录体能训练单元的成绩，并且会注明每个人是做了训练所规定的标准重量或动作（RX）还是进行难度降阶了，否则无法完成这个部分训练单元。比如说，减轻重量或降低了动作难度（MOD）。

图 3.1　标准的 CrossFit 训练课白板

在每天收工的时候，白板会显示所有当天上课学员的成绩。最晚那堂课的学员们可以看到自己的成绩在当天所处的位置，特别是与早些时间上课学员的训练成绩做对比。

还有一块独立的白板记录每个人的个人最好成绩（PR）。每次你刷新了自己的个人最好成绩，就可以记录下来。在你开始练 CrossFit 几个月后，如果你每周练 3 次以上，并且每次都全力以赴，那么可以很明显地看到自己的最好成绩不断攀升，你正在全方位地进步中。每周都能刷新自己的 PR，实在是令人陶醉上瘾的美事。每个月，教练会把这些 PR 成绩收集起来，写到馆前方的大白板上。这块白板上罗列了每次 CrossFit 测试、每个标准 CrossFit 训练单元、各种奥举和力量举成绩，还有馆里学员的各项训练最好成绩。

第一堂训练课

CrossFit 健身馆通常以欢迎的态度迎接新人的到来，教练会在基础课上耐心讲解每个动作、名词术语，并教授所有的基本动作。但最终，为了达到训练效果，新人们还是要进入他们的“痛苦区”。

我在极乐园的第一堂训练课是这样的：

热身

CF × 1

（CrossFit 热身：10 个俯卧撑，10 个引体向上，10 个背伸，10 个徒手深蹲）

力量

过头深蹲，3 × 3 次

（对我这样一个跑垮掉的中年人，肩部和髋的灵活性很差，核心力量极弱，平衡也烂，这个动作简直是噩梦）

体能训练

3 次挺举，男 115 磅 / 女 75 磅

4次大箭推，男115磅/女75磅

3分钟尽力做最多次数，然后休息1分钟

一共做4轮，以总次数计算成绩

那天的课由张和教练斯蒂西·比尔（Stacie Beal）一起上。艾斯特拉达提醒过他们，我会作为一个新人来参加这堂训练课。我进门时，他们两个很热情地接待了我。会员中有一个人叫本·弗洛里斯（Ben Flores），他笑着过来招呼我，并且主动做了自我介绍，其他几个会员也是如此。但当力量训练部分开始后，就没有人会继续嬉笑了。我开始尝试做自己平生第一个过头深蹲动作（OHS）。

热身后，就要开始加重量做3组连续三次的过头深蹲。我先拿了45磅的杠铃杆和2片5磅的杠铃片，一共55磅。我先举过头顶，却蹲不下去，只能移动几英寸。比尔建议我用35磅的杠铃杆，而且不加任何杠铃片。我照做了，但受伤的右膝灵活性很差，与左膝的动作完全不一样。比尔看到我的怪样子，仍旧好言好语，满含鼓励地劝我，再用一根PVC管试试这个动作。于是我们从举PVC管开始练习。

比尔和张不厌其烦地教导我该如何做一个动作标准的过头深蹲：杠铃置于头正上方，肩关节外旋，腋窝向前，收紧核心和臀部，膝盖与脚尖方向保持一致，但不能伸过脚尖，并且膝盖外展蹲下，重心在脚跟处。虽然我还做不到标准所要求的髋部下沉到低于膝盖位置，但经过他们的指点我有了不小的进步，觉得很有成就感。

每当馆里来一个新人，教练们都会交流下意见，根据他的体型评估他的运动背景。张说："要是一个新学员体重超过标准 80 磅，那么他们的心肺能力很可能跟不上节奏。与之相对，如果来的是个跑马拉松的，他的心肺功能耐力会很好，但是训练时一根空杆的重量就会让他一筹莫展（我就是典型）。还有一些情况更复杂，看似较难判断，但你作为一个教练仔细观察，总能看出端倪。张注意到我在热身做空蹲动作时躯干容易前倾，几乎要和地面平行了。"这个动作显示你的柔性性，特别是后侧链的灵活度比较差。而那天的力量训练是过头深蹲，你的弱项对完成这个动作有极大影响，引起了我们的重视，你肯定需要教练的帮助。当然，一般的做法我们都是从最轻的重量开始动作训练，这样我们就能观察学员做动作的种种问题，然后再慢慢加重量。如果你用 PVC 管或空杆进行练习时动作都不标准，那么就别想 95 磅或 135 磅的重量了。

上完这堂课，我全身酸痛一直持续到周一。大腿后侧的股二头肌如同遭电击般碰不得，肩部、腹部、大腿和腰部都酸得不行。对此艾斯特拉达给出的建议是继续来上课，练下去，酸一阵就习惯了。

周一是 7 月 4 日，我去上了第二堂课，看到白板上如此写着：

热身

CF x 1

力量

无

体能训练单元

『墨菲』（Murph），计时成绩

跑 1 英里

引体向上 100 个

俯卧撑 200 个

徒手深蹲 300 个

跑 1 英里

跑步开始，跑步结束，中间三个项目可以根据自己安排分组完成，如果你有 20 磅重的战术背心，可以穿着做。

『墨菲』是一个“英雄”训练。这样的训练名称，往往是用来纪念那些曾经也是 CrossFit 训练者的阵亡军人、执法人员和消防员。这种训练单元常以时间长、难度高著称。关于『墨菲』这个训练单元的故事，在极乐园官网有如下描述：

这个训练是为了纪念海军上尉迈克·墨菲（Michael Murphy），29 岁时隶属驻扎在帕乔格（Patchogue）的海军部队服役，2005 年 6 月 28 日阵亡于阿富汗。这个训练是迈克生前最喜欢做的体能训练之一，他称之为“防弹衣”。自此开始，这个训练单元以他的名字命名，以纪念这位为保护祖国和人民不惜献出自己生命的烈士。

我把整个训练内容看了好几遍，心里直打退堂鼓，要不还是去上基础课回炉重造吧。一时间突然想到很多理由可以逃过『墨菲』的摧残。就去上堂简单的基础课，然后去不远处的酒吧喝一杯，那里有我的同事们正在庆祝国庆。仿佛有只无形的手正把我往酒吧方向拉过去。其实我自己心里清楚，我最多做三个引体向上，而『墨菲』

要求做 100 个，这才是我想逃课的真正原因。

当遇到像我这样的情况，就需要介绍下 CrossFit 训练中的降阶概念了，它就是为我这种连一次动作都无法完成的新人准备的。一般圈外人很少全面了解降阶的作用。如果你对 CrossFit 的认识仅限于看过全球总决赛的录像或官网每天更新的训练单元内容的话，你的第一印象肯定是 CrossFit 太难了，根本不适合我这样的菜鸟。但官网每天更新的训练内容被格拉斯曼称之为“矛之顶尖”。所以不光是新人，对于众多 CrossFit 训练者而言，将这些官网训练内容进行难度降阶是非常普遍的做法。也许身体限制你无法跑步，无法做引体向上，或者做不了俯卧撑，那么教练都会将动作改变或降低难度，直到适合你完成为止。

别人正喜迎国庆，我却站在训练白板前琢磨要不要翘课。100 个引体向上对我来说根本是不可能完成的任务，更不要说“借力引体向上”这样的动作了。这个动作，要求运动员在做引体向上时躯体类似鞭打的钟摆一样，将核心肌肉的爆发力传递到上肢肌肉。运动员掌握了借力引体向上的技术，就可以一口气轻松做 20 个以上。某些精英运动员还可以在借力引体向上的基础上发展到蝶式引体。蝶式引体动作舒展，节奏轻快连贯，非常具有观赏性，看起来似乎这样做引体向上不费吹灰之力（其实绝非像目测那么轻松简单）。顶尖的 CrossFit 选手（多为参加全球总决赛的运动员）如克里斯・斯皮勒（Chris Spealler），他的成名绝技就是可以快速连续做 100 个以上的蝶式引体向上。

有些人认为借力引体向上不能算“真正”的引体向上，因为它比严格的引体向上容易很多。但借力引体对心肺功能的刺激很大，它是需要募集全身主要大肌群参与发力的复合动作，而不是仅锻炼手臂和肩部的孤立动作。借力引体向上和蝶式引体向上很难用三言两语说清楚，你会看到训练者练习时身体类似蝶泳的动作，在空中摇摆发力非常干脆。

然而我刚开始时，什么样的引体向上都做不起来。于是教练给我一根绿色的橡胶带，先把它固定缠在单杠上，然后一只脚蹬在带子上做动作。我惊奇地发现借助带子的弹力使我可以轻易地做引体向上了，好似我的体重一下子只有 50 磅了。而『墨菲』里的其他动作，诸如俯卧撑、徒手深蹲和跑步我都还应付得过来，我的降阶训练内容就这样确定了。

『墨菲』的另一要点是保持一定的速度节奏而不要过度停顿。你可以任意搭配动作组合的次数，既可以选择连续依次做 100 个引体向上、200 个俯卧撑和 300 个徒手深蹲，也可以分配次数以循环组数方式来完成。我选择了分组的形式，10 个引体向上（在橡皮带的帮助下），20 个俯卧撑（如果不能连续做就 5 个 5 个分开来完成，中间喘口气），30 个徒手深蹲（当然组数多了也没法连续做）。我要循环连续做 10 组才算完成总次数。我慢慢发现需要保持一定的速度，不要太快也不要太慢，这样肌肉才能勉强支撑组数不断增加所引起的疲劳。

在我训练的馆里，熟练的会员一般不到一个小时就可以完成这个训练单元。我花了 1 小时 7 分钟。训练结束后，我径直前往“暴风”酒吧，要了满满一大杯黑啤，静静坐在室外花园里。蓝天白云，阳光明媚，我的手仍因训练疲劳而不住打颤。我啜了一大口啤酒，盯着白墙独自发呆。这种感觉简直太棒了！我与 CrossFit 之间的爱恨情仇在这一天算是正式开始了！

“训练量”

乍一开始正式 CrossFit 训练，我感觉每天都会接受大量的新鲜内容。这也是 CrossFit 训练课设计的初衷，因为在其体系中只有“基于宽泛纬度和运动指标来衡量的不断变化的高强度训练”才是最有效的训练方式。“不断变化”代表你明天的训练内容与今天绝无雷同。教练们会在一周、一个月、甚至一年的时间里设计各种五花八门的动作训练课程让你来完成。在这个体系里“变化”意味着全面强健，健康无死角，所有这些课程设计着重于运动的广度而不是专项程度，它并不是要培养一个马拉松跑者或者举重运动员这样的专业选手。

“高强度”也是需要着重指出的要点。设想你在椭圆机上踩 40 分钟，心率维持在 120 ~ 130 之间，通常被称为有氧运动。但你如果做一个 7 分钟力求最多次数的 CrossFit 训练，内容有壶铃摆臂、跳箱和俯卧撑跳，这两者训练的体验可谓天差地别。在椭圆机上踩 40 分钟，可能还没到一半时间就开始眼瞅着电视打发时间。我用室内自行车和跑步机锻炼的时候就是这个样子，感觉实在是无聊的训练方式。

在 CrossFit 7 分钟的高强度体能训练中，完全是另外一种情况。在训练时间过半时，你绝不会有无聊的感觉，因为那时候根本没力气让你去多想，或许你会想干脆找借口开溜，再也不来这个恐怖的鬼地方了。那种身体的不舒服感会从你的腹部蔓延到胸口、心脏，使你费力地喘着大气，使你的肌肉忍受酸楚疼痛。在训练当中，你设想尽力熬 30 秒，然后再熬 30 秒，然后继续熬……这个 7 分钟的训练足以对你的身体产生剧烈的刺激反应。

运动生理学家朗・基尔（Lon Kilgore）对于这种高强度的训练模式有一肚子的话要说，他可以解释为什么这样的训练模式并未成为健身锻炼的主流，但有很多科学依据说明它确实更加有效直接。基尔是《开始练力量：杠铃基本训练》一书的联合作者之一，是个奥林匹克举重好手，这本书是他和马克・瑞佩托（Mark Rippetoe）一起写的。他初次接触 CrossFit 是因为瑞佩托把一个电话交给他，是格拉斯曼打来找他请教些问题。他们俩聊了足足一个半小时，基尔就此答应为 CrossFit 期刊撰写关于运动生理学的稿件。

“我认为（格拉斯曼）会觉得有人对他提出异议是件好事，否则整天被人灌迷魂药，自己也找不着北了。只要是严肃的学术讨论，能够就事论事就好！”基尔在回复我的邮件中如此说到。“他不苛求我们的观点必须完全达成一致，只要达到足够的一致就不错了。我很乐意为那些喜欢钻研的人写点关于运动生理学的科普文章。”

作为一名举重专业选手，基尔刚开始对 CrossFit 的训练模式并不感冒。“和格雷格谈过后，我自己尝试做了几次 CrossFit 的训练。不过我是个举重运动员，不可能放弃我的专项训练，所以我觉得自己不会全身心投入这样的训练模式。”然而令人好奇的是，随后他买了一种能够测量血液含氧量的脉搏血氧仪，依靠 CrossFit 训练降低他的血液含氧量。整整过了两年，他把自己当小白鼠，就是为了考察 CrossFit 的训练模式是否真的可以提高人体生理和医学机能指标，有效程度到底有多大。

“有一点要说明下，”他说道，“我训练时必须足够努力，才能将血氧饱和度降低 4%。”换句话说，他在不断攀升自己的“不舒适区”，标度不断在上升。“这真是一次令人大开眼界的成功之旅。我对‘跳得越高，摘到的果子越甜’这句老话有了新的感悟。”

六年来，基尔与 CrossFit 的圈子保持着各种直接和间接的关系，他承认，其中的原因之一是 CrossFit 训练确实能让他在较短时间内取得扎实的进步，这在其他健身运动中很难有此成效。基尔在研究中如此写到：他利用对 CrossFit 学员和教练们的研究观测结果为跳板，由此生成并提出了一系列关于人体对于体育运动适应性的针对性问题，并在自己身上进行科学实验取得答案。

基尔最感兴趣的课题是大众的体育健身方式，他发现大部分健身人群所理解的传统健身概念和另一些已被证明更加行之有效的训练方法之间有颇多人为的隔阂。“比如间歇训练，”他说到，“这套方法几十年来一直被视为提高耐力运动表现的有效武器。但在传统商业健身体系里它一直受到打压和雪藏。这种所谓基于商业健身房锻炼的理论体系，发端于二十世纪四五十年代，繁荣于六十年代，直到今天，它仍在忽悠说要达到身体健康的目的必须进行长时间缓慢低强度的耐力锻炼。在二十世纪六七十年代，有很多著名运动生理学家比如苛克・丘尔顿（Kirk Cureton）、肯尼斯・库珀（Kenneth Cooper）和蒂姆・诺克斯（Tim Noakes）曾撰文指出慢跑是保持身体健康、阻止心血管疾病的唯一有效运动方式。在此之后，任何人要对此提出异议，试图推广更加全面的健身方法，都会遭遇莫大的阻力。

基尔感到不可思议的是，其实在七八十年代，就不断有研究资料表明间歇训练和循环训练能够提高人体的心肺耐力功能和其他健康指标，而且效果比长距离慢速运动的效果好得多。他也引用了最新的一些科研文章，这些著作包括来自日本的田畑泉（Izumi Tabata）、英国的朱利安・贝克（Julien Baker），还有其他很多运动医院专家。他向格拉斯曼保证，CrossFit 的训练方法可以得到科学理论依据的支撑。“格拉斯曼自己认识到训练是一回事，科学理论是另一回事，必须将两者整合在一起才总结出完整的训练体系。这套方法不会是单一维度，更不会是仅要求做个 30 ~ 60 分钟的低强度运动那么简单。”基尔说到，“那种传统的训练法仅对一直静坐的沙发土豆们有效果，而且练几个月就不再那么有用了。”

基尔批评传统的商业健身体系正在堕落，它甚至成为运动员不断追求提高自身运动表现的拦路虎。“你可以看到五花八门的市场宣传，到处都是秀肌肉、秀人鱼线和马甲线的 PS 伪照，这些乱七八糟的东西都是健身的副产品，而不是健身的目的！它们对提高身体强健一点用都没有，”他说到。基尔认为，即便在推广大众健身的热潮中，最常用的说法是忽悠越来越多的健身者，告诉他们只要进行最少量的运动即可保持身体健康。“对于健身而言，以前没有一分耕耘一分收获的说法，现在仍旧没有。”他解释到。

不一样的训练

而 CrossFit 则与传统的健身方式大不一样，它代表了努力、拼搏和全力以赴。即便那些我认为熟悉的健身器械，一旦运用到 CrossFit 训练中将得到完全两样的效果，使我必须另眼相看。比如说那架看似人畜无害的陆地划船机，也叫 Concept2 测功仪。过去 20 年来我在健身房会有一搭没一搭地去划两把，很多时候是因为想练的器械别人在用，所以用它打发时间。我对这玩意只有一个评价：无聊透顶。我在划船机上从来不会超过 15 分钟，不是因为练到脱力，而是实在无聊没兴趣划下去。

有一天，在 CrossFit 训练课的白板上，体能训练内容是 500 米划船。我顿时感到没啥压力，以前在健身房已经练了不少时间。艾斯特拉达讲了下训练要求，我觉得似乎和我以前做的有点不一样。这是一个计时训练，每个人必须全力以赴，划出自己 500 米的最快成绩。

“今天的训练很简单，时间也很短，”艾斯特拉达将体能训练复述了一遍。“要求就是尽自己的最大努力去划，并且保持尽可能长的时间。”学员分成几波依次训练，我这一波有四人。大家肩头似乎感到了比赛的压力，当然没人会抢先移动哪怕一英寸。

艾斯特拉达一声令下：“开始！”我们如下山猛虎般扑向划船机，

比赛正式开始了。艾斯特拉达看着我们的动作，不断发出训练指令，一般含有两种信息。当他看到某人动作变慢时，会走上前去，向他吼道："再快一点，再拼一下！"他还会吼着纠正动作，学员们最容易犯的错误是在拉桨时没有完全用到核心和腿部力量。划到 150 米，大脑开始发出信号，它不喜欢如此高强度的运动。第一波身体的不适感悄然而至，并且愈加强烈；划到 300 米，手臂开始不听使唤，胸膛拼命喘气，乳酸迅速积聚；最后 100 米，如果你完全按照艾斯特拉达的要求在继续划，身体将处于崩溃的边缘。你的速度不可避免地变慢，所有人在最后关头都发出痛苦的嘶吼。我划完 500 米最后的成绩是 1 分 34 秒，但我的感觉是如此漫长。我们四个人笨拙地从划船机上下来，有的原地转圈放松，有的干脆躺在地上。我感觉嘴里有股金属的锈涩味道，不断咳嗽了好几个小时，这是 CrossFit 训练很常见的身体反应，被称之为"CrossFit 之肺"。

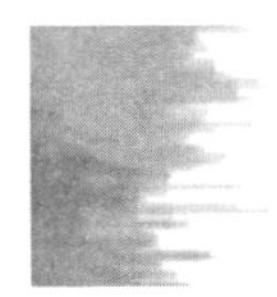

从此我再也不会低估划船机这个鬼东西了。

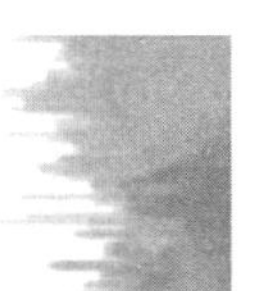

在整个 7 月，8 月，9 月，每天早上醒来想到这一天又要去接受如此的折磨，我就有点小紧张。我总在想今天的体能训练会是什么内容，要是 8 分钟的话前面 3 分钟还能顶住，后面 5 分钟简直就是生不如死的折磨。

然后我还是不断去上课，每周的出现频率还提高了，因为我渐渐和周围的小伙伴们熟稔起来。米瑞安（Miriam），每当课上碰到我都会向我打招呼；布莱恩（Brian），他是在海军服役的精英学员，总是断断续续来上课，因为不时要去阿富汗执行任务；艾琳（Irene），馆里最富激情和感染力的领袖人物，我每次来上课总会得到她的拥抱；山姆（Sam），这哥们老是穿着匡威的低帮鞋和暴风酒吧的 T 恤来训练；布里安娜（Briana），她总是睡眼惺忪，因为白天要攻读研究生，晚上上夜班，不过她训练起来绝对是头野兽；卡拉（Karla）和戴夫（Dave），他们是馆里的“吐焰者”（见第 8 章），总是早早在馆里出现，每次训练课异常努力，课后还要自己开小灶加练，他俩不断提升自己的运动能力，努力追求完美。当然，还有其他很多人，大家已经变得很熟悉了。

诚然，白板上的那些训练内容是能够吸引我一周来上四五次课、提高自身体能的原因之一。但激励我去上课的最重要因素是那些伙伴们，我知道他们一定也在那，我非常享受和他们一起完成训练的感觉，能有人陪你一起做那些挣扎的训练实在太棒了。要是某天我不去上课，不去和训练伙伴们同甘共苦，这一天就会有很大的内疚感。

CrossFit 训练还带给我一个非常大的意外惊喜，在 CrossFit 体系里称为“灵活性”的训练中我有了长足的进步，而这是我以前从未奢望的，毕竟从 17 岁开始我就毫无身体灵活性可言。这要感谢我的教练凯利 · 斯塔雷特，这位 CrossFit 身体灵活性和柔韧性研究方面的权威大咖几乎使我的身体重返青春。他将这个过程称之为“见所未见”。

第 4 章

见所未见：CrossFit 专注动作与灵活性

CrossFit 这项运动包含了形形色色的动作。许多听说过 CrossFit 却从未亲身体验的键盘党们以为这就是种要把心率拉爆、不把你练到仆街誓不罢休的凶残健身方式。但如果你上过 CrossFit 的日常训练课、专项培训课或者认证培训课程，你就会明白它其实非常重视各种基本动作，在开始高强度训练之前必须掌握各类动作的技术环节。你会学到如何将重物搬离地面，移动一段距离，放到指定的地方，就像你把一袋米搬起来放到拖车上。你也会学到如何完成一个引体向上，就像你挂在悬崖边，然后尽力爬上去使自己脱困。学习这些动作是 CrossFit 训练的重中之重。所有这些动作，绝不是没事找事的好勇斗狠，而是日常生活会用到的功能性动作。这就好比小时候妈妈教你如何过马路，但妈妈还要教你当身处马路当中、突然发现一辆卡车向你冲来时该如何应对。

进行高强度的功能性动作训练，这是 CrossFit 定义中极其重要的环节，这与传统健身房的动作训练有很大的不同。大多数 CrossFit 的训练单元由各种身体的功能性动作及其衍生的变化动作组成，比如硬拉、深蹲、奥举、引体向上、俯卧撑等。以深蹲为例，还可衍生变化为后蹲、前蹲、过头蹲、徒手蹲等。

格雷格·格拉斯曼将以上这些功能性动作和传统健身房里器械上训练的孤立动作比较了一番。他认为前者（比如说硬拉、跳箱、跑步、划船还有双力臂）都是复合动作，需要运用大量的肌肉群协同工作，需要消耗大量体能。然而这些动作都是人类生活中常用到的，在很多地方随处可见，比如农场干活、灾难救援。CrossFit 运动员的训练就是为了提高这种功能性动作的运动能力，力求在最短的时间内将最大的重量移动足够的距离。而后者（传统健身房训练动作如屈伸器械、腿伸展、侧平举）都不是日常生活中会用到的功能性动作，所以毫无价值。格拉斯曼甚至认为此类动作弊大于利，比如膝盖伸展，这是一个坐在器械上进行腿部锻炼的动作，但很多人会因为髌韧带没有贴合在器械的凹槽上而导致受伤。

格拉斯曼将体操和奥林匹克举重中的技巧性复合动作引入 CrossFit 运动，使其成为这项运动的主要基因，几乎在所有训练动作中都会体现。随着时代的发展，不断有新的学说和科学见解推动这项健身运动在争议和研讨中前行。

动作的运行

2011 年 12 月，我在德克萨斯的奥斯汀市参加了 CrossFit 一级认证教练的培训班，主讲培训师就是来自 CrossFit 总部的高级讲师托德·威德曼（Todd Widman）。这样的培训课程涵盖了 CrossFit 的方方面面，从营养摄入到课程编排几乎无所不包，当然学员还得做必不可少的训练。不过课程的大部分时间都在边练边讲解 CrossFit 的基本动作。比如说，我发现讲师们会不厌其烦地解说并演示如何做一个正确而完美的深蹲动作。学员们会分成几个小组，每个小组安排一名讲师，然后进行一对多的动作指导。我所在小组的讲师是林赛·史密斯（Lindsey Smith），是当时世界顶尖的 CrossFit 选手。

史密斯让我们站成一个圈，然后教授我们如何做一个正确徒手深蹲的动作细节和一些窍门。她还传授我们一些知识去指导他人完成一个徒手深蹲动作。我被拉到圈子的中心由她亲自纠正动作，因为史密斯很快就发现我是学员中技术较差的一个。她向大家示范如何指导我做一个正确的动作，学员们要指出我深蹲动作的错误之处，并提出改进意见。

按照这样的流程，我们还演示了 CrossFit 其他一些主要的基本动作，比如借力推（我又被拉到圈子中央做错误演示）、半挺（仍是我在圈中央）、抓举（我在圈中央）、挺举（他们看出我已经不耐烦了，所以这次就饶了我）。我们还学习了如何做借力引体向上和吊环双力臂。

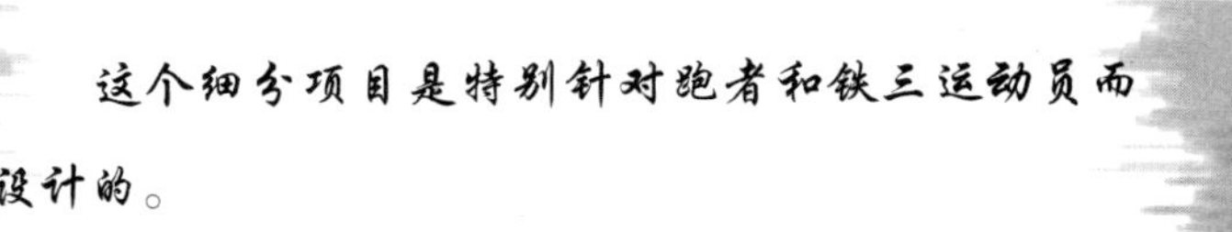

这个细分项目是特别针对跑者和铁三运动员而设计的。

在 CrossFit 耐力运动中，同样涵盖了大量的基本动作练习。这个细分项目是特别针对跑者和铁三运动员而设计的。我在加州的何蒙莎（Hermosa）海滩参加过这个项目的周末培训班，主讲培训师就是布莱恩·麦肯齐。他身材精壮，浑身都是刺青，满头飘逸黑发。他总是自己做小白鼠，改良日常食谱来测试营养摄入成分对运动表现的影响程度。他的主食是牛肉，必须来自食草的牛而不是饲料喂养。对于碳水化合物，他主张吃地里种出来的淀粉类蔬菜，而不是食品加工的精细面粉。

麦肯齐在开始极限马拉松、铁人三项和 CrossFit 锻炼之前，曾经有过一段“不作死毋宁死”的热血时光。二十出头的小伙子为了发泄用之不竭的荷尔蒙，他在橙郡的健身房迷上了室内自行车运动。室内单车课实在累毙了，麦肯齐告诉我，它让他寻求精神上的慰籍之道，由此可进入另一个世界，不再惧怕这类令人生不如死的高强度耐力训练。于是先是室内单车，然后是铁人三项、跑步比赛，随后是大铁、100 英里越野赛。每次比赛后都如同浴火重生。“每次完成一个极限马拉松比赛，我几乎想躺一个礼拜不起来。但我爱死了这种 100 英里的越野跑比赛。”他说到，“在比赛里，路线上的每一道风景都值得感动，每一个跑过的地方都将永存在记忆中。”

很快，他开始尝试训练如何在长距离比赛后尽快恢复，不再被疲劳压垮。他开始师从“姿势跑法”的创始人，研究人类跑姿的科学奇才尼古拉斯·罗曼诺夫（Nicholas Romanov）博士学习其跑法体系，同时开始接触到 CrossFit 这项运动。从此一发不可收拾，并将高强度训练法打造成耐力运动训练的坚强基石。后来他自己开了一个 CrossFit 健身馆，这个馆的特色就是将 CrossFit 训练体系和跑步、举重完美地融合在一起，也使得这套训练方法与传统的耐力训练周期完全背道而驰。麦肯齐还试验了西村（Nishimura Tabata）关于高强度训练的理论成果，结果证明短间歇高频次的爆发力无氧训练对于高段位的耐力训练非常有帮助。

以前麦肯齐的训练强度非常大，比如在跑步机上调整到 12° 角倾斜然后间歇跑训练，将自己的体力榨干。现在他会进行同样的训练，但辅之一系列的恢复方法比如泡沫轴按摩、营养摄入和科学补水。正因如此，他才能将自己的身体打造成钢筋铁骨，足以应对持续 20 小时以上的越野跑比赛对身体的摧残。渐渐地，他将自己的亲身体验整理成文，开班授课，并扩展到铁人三项领域，最终成为 CrossFit 耐力专项培训课程带头人。现在，他在全球跑圈和铁三圈拥有众多粉丝，对他的训练方法笃信不已。

在何蒙纱海滩的周末培训班上课的时候，麦肯齐虽然讲课的主题是耐力训练，但还夹杂了很多关于动作的专门演示。学员们会在停车场的空地上进行姿势跑法的动作练习，纠正错误的足部落地部位，学习如何正确地摆臂，减小步幅的同时提高步频。他教授跑者们如何保持身体“屈体势”，这是体操运动中的一个基本体态姿势，能将身体核心部分的力量激发出来。他告诉学员用大腿后侧的股二头肌和臀肌来驱动跑步，而不是用大腿股四头肌和髋屈肌来推动。

麦肯齐和他的教练班子一边看我们跑步，一边纠正我们的跑姿，一遍又一遍。当我尝试练习“姿势跑”技术，用股二头肌驱动身体模仿活塞冲泵运动时，他会过来抓着我的脚帮助我体验，还向我演示正确的动作姿态。他不厌其烦地提醒学员将核心肌群激活到 30% 的程度，并演示如何避免打乱呼吸的节奏。姿势，运动，姿势，运动，这就是 CrossFit 耐力培训课程的核心要义。

还有另外一种专项培训课程同样以动作为核心，它就是迈克·伯吉纳（Mike Burgener）负责的 CrossFit 奥举培训。伯吉纳曾经是优秀的奥林匹克举重专业选手、美国奥运举重队的教练、前美国海军陆战队员和圣母大学橄榄球队员。他也曾经在圣迭戈教过小学的举重预备课，传授挺举和抓举的预科动作。如此丰富的经历使他特别适合教 CrossFit 菜鸟练习举重。他最擅长的是吸引众人的注意力，整堂课学员都不会有丝毫懈怠。有时候他也会要点手段，制造点恐怖气氛吓住学员，其实令人恐惧的不是他，而是他随时会脱口而出的立卧撑跳命令。伯吉纳在上课时，随时都会喊“立卧撑跳”的口令，学员们听到这个口令必须像打了鸡血一样大喊：“立卧撑跳，赞赞赞！”要是没有及时反应，全体学员都要受惩罚做这个动作直到力竭。伯吉纳认为这个方法能够提高学员的专注程度，提高他们的反应能力，还能让他们知道怎么样去给其他人上课。他的举重课程包括如何热身，如何做“举重预备动作训练”，如何抓举，如何上挺，脚部如何站位，运行，速度和姿势。每一项都会分解到最单一、最细化的步骤：保持各种姿势，然后运行动作。动作，运行，更多的动作。

然而在 CrossFit 的圈子里，最痴迷研究各种动作且最具个人魅力的超级明星教练，当非凯利·斯塔雷特（Kelly·Starrett）莫属。

托起整个 CrossFit 身体灵活体系的男人

凯利·斯塔雷特是一位理疗医师，CrossFit 健身馆的馆主，前美国国家赛艇队选手。在 CrossFit 这项运动领域，他无疑是专精动作体态研究的第一人。不仅如此，他还具备超凡脱俗的人格魅力和高超独特的授课技巧，所以受到大量学员粉丝的爱戴。他创办了网站 MobilityWOD.com，在全球范围赢得了海量的浏览量。在这个网站上他上传了超过 400 个视频资料，全都是他活灵活现地演示各种动作，并附有自己的点评和建议，内容全部原创，且一针见血，没有半句废话。自然而然有很多机构或者个人聘请他开培训讲座或是指导训练，其中包括了海豹突击队、美国特种部队、旧金山芭蕾舞团、环法自行车选手、举重世界纪录保持者和奥运会赛艇的金牌选手。

斯塔雷特和他的妻子茱丽叶（Juliet）在 2005 年开办了旧金山 CrossFit 健身馆（SFCF）。因为他在旧金山著名的斯通诊所（Stone）担任理疗医师，同时也在健身馆有数千小时的教练经验，所以在动作体态的研究领域具有高超的造诣。现在他实际就在健身馆里当场进行理疗诊断。每逢周末，他要游走整个美国，开办 CrossFit 灵活性培训班，讲课的内容涉及运动恢复、如何避免受伤，以及动作、爆发力与运动表现三者相互间的关系。

可以说斯塔雷特并不仅仅教授动作，他是为追求动作科学性而生的男人。他不但会告诉你整天坐办公室的坏处，还会要求你直接站起来听课。他从不认为自己在这个专精领域是天赋超高的奇才，是因为以前在全美赛艇队的时候，他的脖子曾经因为剧痛而导致转头也困难，并因此不得不终止了专业运动员的生涯。他当时连跑 100 米也无法完成，这样的情况直到他开始深入研究动作体态的运动才有所好转。

在 SFCF，你很容易看到斯塔雷特自己在做动作培训课里教授的内容，这就是他所说的将拉伸和灵活性训练融入到日常生活中。他会做一个蹲得非常低的深蹲动作，然后保持很长时间，同时表情轻松，和悠闲地坐在沙发上没什么两样。有时他会将弹力带缠在单杠上，然后开始“疏通”筋骨。他自己如此称呼，其实是用弹力带拉伸放松肩部、背部和颈部纠结的肌肉，在大重量的举重训练或者持续 20 分钟以上的体能耐力训练后非常需要这样的放松拉伸动作。

在 2010 年，他在玩滑雪板的时候用 Iphone 拍了段视频，于是突发奇想在 8 月份创建了 MobilityWOD.com 这个网站。在刚开始的这一年他几乎每天都会上传动作讲解的视频，在这些视频内容中也表达了对传统运动医学存在的唯利是图的商业做法的不满。比如说，他认为如今受伤的跑者往往会接受一些天价理疗方法治疗，然而实际上这些治疗方法收效甚微。最令他难以忍受的是主流的传统运动医学竟然让医师承担起运动员健康的责任，而不是运动员自己。在 MobilityWOD.com 的主页，醒目地写着：这个网站的所有内容，是供运动员们了解自己的身体、学习如何系统地拉伸身体运动组织、提高关节灵活度。你们必须风险自负，如果觉得这些动作会伤害身体必须马上停止。否则你的脊椎也许会穿过喉咙冒出来，或者整个脸瘫掉。身体是你自己的，每个人必须对自己的行为负责，别等到膝盖要换人工关节了才意识到这点。

曾几何时，我就是那个几乎要换人工关节的倒霉蛋，而斯塔雷特成了我投身 CrossFit 的大救星。

第一次见面

我第一次见到斯塔雷特是在 2010 年末。在寻找 SFCF 的这段日子里，我走路和僵尸差不了多少，这样的僵尸走法主要靠左腿，能够尽量减小我受伤的右膝的压力。这样走了几周要把我折腾坏了。我必须不停地服用止痛药，还要冰敷来缓解痛楚，实际上却收效甚微。该死的膝盖不但没有好转，反而伤痛越发加剧，情况变得越来越严重。

那一天，我来到普雷西迪奥的克里西（Crissy）地区，位于靠近海岸线的金门大桥东面。当时这座大桥沐浴在正午的阳光里，光线直直地照在我的脸上。我沿着小路走向那座建筑，那里原本是个部队的后勤仓库，现在改建成庞大的体育用品商城。

谷歌地图显示，SFCF 位于体育用品商城的地下室。我在里面转悠了一圈却一无所获，于是我想到它也许是在商城旁边的那座建筑里，北面有一条小路通向一个停车场和栅栏门。我穿过那道门，发现那里其实是体育商城的运输仓储堆放场，有个硕大的肥料箱，一列海上独木舟，供货运卡车卸货的仓储平台，还有好多集装箱。当时我有点糊涂了，难道是自己找错地方了。但我突然发现，在停车场的一角高架公路下面有几个穿运动服的人，他们在举重，然后跑进那些集装箱。原来那里就是让我寻它千百度的 SFCF。

这个馆的墙壁边上都紧靠着集装箱。有整整两个集装箱里堆放着杠铃、举重片、划船机和其他训练器械。第三个集装箱有点空，里面放了张按摩台，边上还立着一只色彩斑斓的玩具狗。这就是凯利·斯塔雷特的理疗室。

> 斯塔雷特把 CrossFit 健身馆看作一个实验室，在他这个地方，一个优秀的教练能够一眼看出学员们训练中身体动作存在的问题，他称之为“蛀洞”。

如果不去填补这些洞，那么跑者迟早会去换个人工膝盖，跳芭蕾的会去做足跟腱手术，网球运动员会因背伤而退役。但如果及早发现这些毛病，并纠正这些动作，将会避免训练受伤。

正因为有了斯塔雷特，SFCF 成为关于 CrossFit 各类动作和运动损伤研究的智库。斯塔雷特用图表的方式仔细说明了一名 CrossFit 运动员从初级进阶到中级、高级所需要发展的所有动作技巧、细节和注意事项。这些动作还可编排成一系列身体康复疗法，帮助手术后的运动员恢复运动能力。斯塔雷特称其为“动作的等级”。CrossFit 期刊收集了上百段斯塔雷特的讲座视频，在视频中他猛烈抨击了现代运动医学机构单纯追求商业利益、一心只想从患者身上榨钱的做法。他认为“所有人都可以自行维护其身体基本的行动能力。”

于是我来了，我要以身试险，看看这个斯塔雷特到底有什么真本事。

我原本打算向他仔细陈述我的膝盖伤情，包括怎么受的伤、以前情况怎样、现在恶化程度如何，以及我迈步的时候会有什么样的感觉。我认为自己的陈述越仔细，越有利于他分析我的伤情。当然，我也想让他知道自己对这个该死的膝盖有多么绝望。对于其他医师和大夫，见面会诊第一步我都会这么做。

但斯塔雷特没给我机会滔滔不绝地做长篇陈述。他要我做的第一件事是站在 SFCF 的橡胶地垫上，双脚的位置稍稍比肩宽一点。我环顾四周，发觉这个 SFCF 简直有点像战地的军事指挥部，正面有一块硕大的白板，上面密密麻麻写满了有关 CrossFit 的各项训练内容、动作次数和体能训练成绩。有的地方还画了些火柴人，演示各种动作并标记箭头指示运行方向。我周遭还摆放着各种训练器械，金属攀手架、锻炼身体前后侧链的罗马椅、啤酒桶、烧烤架和水泥砌成的石圈凳。斯塔雷特要我做一个深度膝弯曲，也就是徒手深蹲，要求尽量蹲到最底部。我照做了一个深蹲，他在一边密切注视着我膝盖的运行轨迹。斯塔雷特能够从我的动作中了解膝盖的状况。我膝盖的移动路线、脊椎保持的姿势和蹲下去的深度，这一切都向他暴露了我的膝盖状况。

深蹲的学问

在 CrossFit 训练中，深蹲是最基本也是最重要的动作之一。斯塔雷特是动作和生物力学研究的专家之一，这样的权威人物往往能够就 CrossFit 涉及的主要运动体系进行深入的探讨。当然格雷格・格拉斯曼也是这样的人物，他对深蹲动作同样有极高的重视。在 CrossFit

期刊中有一段早期的视频，在里面格拉斯曼演示如何教一名医师做深蹲，一个没有负荷任何重量的空身蹲。

格拉斯曼认为，一个人必须能够完成一个正确的深蹲动作才能称得上具备基本行动能力的正常人。格拉斯曼还说，无论是徒手深蹲还是负重深蹲，都足以为例，展现什么才是功能性动作。一个功能性的动作，绝对比健身房里训练的单一肌群的孤立动作高级很多。一个深蹲动作，是人体多关节参与的活动，是人体全面募集能量的动作模式。它要求全身的肌肉群都参与动作，如此才能劲爆有效地将重物移动相当的距离。与此相对，健身房里腿部伸展器械只能对股四头肌进行孤立训练，如此锻炼谈不上不正常，只是效率很低的训练方式，它没法提高学员迅速有力地移动重物的能力，而这样的能力在日常生活中很有必要。

在力量训练中经常会有这样一种说法，就是你在深蹲或在曲腿器械上训练时，膝盖不要超过脚尖，大腿和小腿之间弯曲不要超过 90°，不然会损伤膝盖，最终导致半月板手术。格拉斯曼坚持认为这样的说法荒谬绝伦，做深蹲时必须要求臀部下沉到膝盖以下位置，不然就不是标准的深蹲。这样的做法不仅能够提高 CrossFit 的运动能力，而且对于提高生活质量、改善健康程度也有很大裨益。格拉斯曼认为深蹲动作就是功能性动作的典型代表，这个动作能够令人快速地将重物移动相当长的距离。格拉斯曼解释功能性动作就是人运用经过优化的爆发力和效率进行日常工作。深蹲、硬拉、划船、引体向上，这些都是功能性动作的典型例子，格拉斯曼说这些动作在体力劳动者的工作中经常会用到。比如说，要把 100 包干草抬上卡车，用举重里挺举的动作进行操作就是最有效率的方法。

“深蹲对你的健康非常重要，”格拉斯曼在2002年12月的CrossFit期刊中如此写到，“深蹲不仅可以提高你的运动能力，而且能够使等你上了年纪后髋、背和膝盖一如既往地强壮有力，功能如常。深蹲不仅对膝盖没有任何伤害……而且对于有旧伤或痼疾的膝盖还有很好的康复作用。真相是，如果你不练深蹲，也许你的膝盖无伤无痛，但并不意味你有一副健康的膝盖。对于髋部和背部，道理同样如此。

能做一个标准的深蹲为什么对一名跑者而言如此重要？其实道理很简单，当你在跑步的时候，可以看作是在做无数四分之一深度的单腿深蹲，但你的腿弯曲和伸展程度从未达到标准深蹲的要求。那么格拉斯曼、斯塔雷特和麦肯齐这些研究动作的大咖们会告诉你，如果你不能用正确的姿势做一个标准的深蹲：背部平展，膝盖始终位于脚面正上方，髋部低于膝盖，那么你就是“把自己的运动能力闲置了”。也就是说，你没有尽全力开发自己本应达到的运动潜能。格拉斯曼打了个比方，这就如同你抄起把M16（一种轻巧步枪），能够轻易打中10英尺外的目标，但要想打中距离300英尺的目标，就会充分暴露你的弱点和不足。

这就是凯利·斯塔雷特后面要和我说的观点：“见所未见”，利用CrossFit的训练方法观察身体的弱点，避免这些动作缺陷导致受伤。一名跑者如果有足够的力量和灵活性、掌握标准的技术要领、做很多次的空身蹲，比起其他连一个深蹲都无法完成的跑者，他的身体更足以胜任长距离的艰苦比赛。斯塔雷特说过，如果你没法做一个标准的深蹲，身体肯定有某方面的问题，有朝一日它会给你颜色看。

于是我就要在凯利·斯塔雷特的眼皮底下做我这辈子的第一个徒手深蹲，当时我不知道他的意图，也不清楚我的深蹲姿势有什么要紧。以前我问诊过康复理疗师、运动医学大夫等很多人，而他的这套做法让我完全摸不着头脑。

深蹲？没问题，我心里想着。在高中打橄榄球的时候我就经常做深蹲，当时可以负重 300 磅做颈后深蹲，当然通常是做半蹲或四分之一蹲。斯塔雷特要求我在不负重的情况下蹲得尽量低，他观察着我的腰椎的反弓弧度、身体前侧和后侧的裂隙、身体中心柱的垂直方向。他还检查我髋部屈伸的角度和中位稳定性，看我的脚跟是否离开地面（是的），是否低头（是的），膝盖是否内扣（是的），这些都是深蹲动作的缺陷。如果我当时用同样的动作做负重深蹲，不用太重，即便是一根奥林匹克举男子标准杆加两片 45 磅的重量，就会对自己的身体造成伤害。这就是运动医学的大夫们警告他们的病人不要做深蹲这个动作的原因。

斯塔雷特没问我膝盖伤情如何，只是看我做了一个深蹲动作，然后指导我如何做一个正确的深蹲。他专注地教我如何保持膝盖不要内扣，要假想紧贴着脚尖前方有一堵墙，下蹲时身体任何部位不要触到这面虚拟的墙。当时我回忆起自己曾经上过的一堂芭蕾舞课，那是在 1984 年的衣阿华大学，当时的指导教练是个前芭蕾舞演员，喜欢用一双粉红舞鞋拍打我，纠正我的深蹲动作。斯塔雷特没有这样纠正我的动作。“要是碰到你面前那堵墙，就输给我一罐啤酒，”他说到。我只能按照他的要求做，肩上没有任何负重。

猛冲硬刹

跟着斯塔雷特上一小时的课，就会对他的教学方法留下印象深刻。做完深蹲的诊断，我来到他的理疗室，斯塔雷特开始检测我两个膝盖的灵活度。他把我的双腿伸展、弯曲，然后加上点压力查看可以达到的活动范围。我右膝能够达到的活动范围明显比左膝小得多。

“你这里感觉怎么样？”他问道。

“感觉不好。”

斯塔雷特从边柜里拿出把工具，显然是放在办公室经常用的，他拿在手里说道：“大狗玩偶。”他拿着这个工具绕着我的膝盖骨检查了一番，就像在摆弄一个开瓶器。没有超声波，没有肌肉仿真机，就是这么个花三美金从超市买来的大狗橡皮玩具，在他手里成了膝盖检测器。

“我曾经去过墨西哥，在那里租了辆车，然后开出去使劲疯，猛踩油门和刹车。”他告诉我，“玩猛冲硬刹，我从来是一脚油门到底，然后一脚刹车到底，看着车的转速猛冲仪表盘的红线感觉实在太爽了。直到感觉车快被我玩得爆缸了我才罢手，悻悻然开回酒店把车停好。这时有个家伙冲过来指着车的后胎冲我喊，原来后胎被我玩车玩得都融掉了。如果你是个跑步的，髋部柔韧性很差，关节也不灵活润滑，那你跑步的时候简直就是踩着刹车在踩油门，如同我玩车那样猛冲硬刹，所以你的膝盖就成了现在这个样子。”

斯塔雷特告诉我膝盖里的伤痛其实是身体的应激反应，让你关闭这部分的活动能力以免受到更大的伤害。他提醒我必须自己来解决这样的伤痛。他的观点是这样的，如果你感到身体有莫名的疼痛或伤病，就要去医生那里诊断，确定是运动造成的伤痛还是某些病理疾病引起的疼痛。如果你被确诊是运动伤痛，那么完全可以自己搞定这些伤。

“这就像你不小心割破了手指，你知道如何救治。清洁伤口，贴上创可贴。那么肌肉受伤的话，同样也可以自己来搞定。你完全可以有正确的法子来照料自己的身体一直到 110 岁，最大限度减小伤病的风险，提高自己的运动表现。不过这个世界上靠忽悠人谋生的江湖骗子实在太多了，你这么做是砸他们的饭碗。”

他教会我两种拉伸的方法，并叮嘱要经常练习。每种拉伸都至少要持续两分钟以上。其中一个动作拉伸时有点痛苦：一条腿跨前一步弯曲膝盖做箭步，另一条腿向后，膝盖触底，手拉住足部向上将腿折起来。保持这个姿势两分钟，斯塔雷特称之为“痛之甬道”。我做完这个动作再次站起来，明显感到右股前部与膝盖连接处的地方好了不少，臀屈肌得到了彻底的拉伸放松。斯塔雷特还教了我深度拉伸小腿腓肠肌的方法。我后来才知道这两种分别拉伸臀屈肌和腓肠肌的方法。

斯塔雷特建议运动员们平时多拉伸臀屈肌和腓肠肌，这样可以避免体态产生问题而受伤。

我和斯塔雷特只上了一个小时的课。在这之前的六周我只能一瘸一拐地走路，而上完课我竟然不再跛行了。

成长的烦恼？

有一些 CrossFit 大佬们担心随着社区的扩大和健身馆数量的增加，会出现忽视动作技术带来的弊病。为了杜绝这样的问题产生，各种培训讲座和认证资格培训的作用就变得举足轻重。

过去 5 年里，CrossFit 的学员几乎呈爆炸性的增长。新人如潮水般涌入 CrossFit 健身馆，新馆如雨后春笋般崛起，CrossFit 总部根本照顾不过来。这种情况极有可能导致 CrossFit 技术动作的偏差甚至错误，而动作的正确性是 CrossFit 训练非常重要的环节。由于 CrossFit 的商业模式并非连锁加盟性质，那么它自然也缺少连锁盟店所必需的标准化质量监控体系。CrossFit 的授权认证商业模式给予每家健身馆很大的自由度，让他们按自己的理解去解读 CrossFit 的训练方式。这种模式虽然有很多优点，但如此大的自由度也难免让一些唯利是图者浑水摸鱼，出现一些滥竽充数的劣质 CrossFit 健身馆。

很多研究报告显示，CrossFit 运动一直被人诟病的伤病高发率不仅是因为发展过于迅猛。还与缺乏动作质量的把控、培训一个周末就可以拿到教练认证资格、众多菜鸟教练匆忙上岗也脱不了干系。还有一种担心，就是随着 ESPN 开始转播 CrossFit 全球总决赛，电视观众规模开始以海量计。然而总决赛的观赏性和关注点在于运动员们多快能够完成一个训练，他们可以举起的极限重量是多少，或者两者兼而有之。观众们很少去留意运动员的动作有多么标准。动作的标准代表动作的安全性，如果 CrossFit 健身馆的教练们没有意识到这点，也没有在教学方法中加以强调的话，后果会非常严重。在精英运动员的层面，由于牵涉各种赞助和比赛奖金，成绩为重、忽视技术的现象会更为突出。如果这样的情况任其发展的话，受伤的概率会急剧升高，CrossFit 只得坐实“运动伤痛的摇篮”这样的坏名声，令所有的新人望而却步。

在奥斯汀的一级认证教练培训班上，我看到黑板上这样写到：“CrossFit 绝不是 CrossFit 全球大赛。”所有的未来教练们都要明白这个道理，并将其传达给各自馆里的学员们。CrossFit 训练原理的重中之重是动作技巧的熟练掌握，这一点必须明白无误地告诉每一个学员。

在我前往奥斯汀培训的这个周末，有 5 个一级认证教练的培训班同时在进行，每个班有 30 人参加培训。当然不是每一个人都会参加考试以便成为认证教练。（我没有去考试，和我抱着一样心态来参加培训的也不在少数。我们这些人只是为了学习更多的动作技术，无心当教练）。CrossFit 的新教练增速仍堪称高产，历史上第一个教练培训班是在 2002 年的 12 月 2 日至 4 日，由格雷格·格拉斯曼亲自授课，有两名学员。发展到 2011 年，根据 CrossFit 总部的统计，已经有 14,593 人参加过 CrossFit 一级认证教练资格的培训班。

觉得有什么问题吗？其实并不然。我对这种培训班的感受是：非常赞的一次体验。所讲授的知识扎实系统，培训师的授课技巧也很高超。海量的知识集中在两天内传授，授课以讲座和现场演示两种方式进行。我觉得他们已经做到了我心目中最好的水准。据我的了解和观察，CrossFit 这项运动的是非成败更多肩负在这些未来教练们的身上。看着身边一排排的同窗学友，这些得到认证资格证书的教练们都会成为优秀的 CrossFit 教练吗？我觉得托德·魏德曼（Todd Widman）或者 CrossFit 总部用不着为此打包票，他们也无意这么做。真正卓越的 CrossFit 教练一定是自我发展、自我完善的典范，他们有高超的能力和良好的职业操守，自行解决各种各样的问题，而不仅仅是为了考出一张资格证书来混口饭吃。

对于 CrossFit 训练的学员而言，特别是新加入的菜鸟，还是多花点时间调研，找一些口碑良好的 CrossFit 健身馆和名声在外的优秀教练吧。

斯塔雷特关于动作灵活性的看法：CrossFit 为什么如此看重动作

凯利·斯塔雷特是 CrossFit 健身运动中研究动作和灵活性的首席代表。他曾向我详细解释，在健身和竞技运动中，动作的技术细节及正确性具有怎样举足轻重的地位，这一点如何强调都不为过。

他认为，人体最大的发力部位是髋部，其次是肩部。比如在跑步运动中，错误的髋部动作导致无法有效率地利用臀部的爆发力驱动身体前进，转而过于频繁地使用一些更小的末端肌群，比如股四头肌。

髋和肩部功能不良将会导致人体末端肌群受伤。比如髋和肩的无力或不平衡会使整条骨骼肌结构链承受不当的压力。膝盖、脚踝、足部、腕部、股二头肌和小腿腓肠肌都有可能因此受伤。日积月累的旧伤将会形成恶性循环。运动员训练越努力越刻苦，他们所受到的伤害也越大。因为这些自我要求甚高的运动员意志强健，力求最好，所以他们在训练时身体发力会绕过受伤的关节和肌肉组织来完成每一个动作。但这样做的弊端是发力过程并非效率最高的标准动作，力量传递的连接变弱，身体的灵活伸展度降低。这样将抵消爆发力，不利于运动变现，长此以往难免损伤身体。

理想的爆发力传递过程是从身体的核心部位肌肉群传递到肢体末端肌肉。当运动员将身体调整到合适的中立位，就可将身体髋和肩部的更多动能转化为爆发力推动身体。斯塔雷特建议将人体设想为一部机器，如同一个工程师眼里的摩托车或火箭。工程师的工作就是保证他的机器永远效率最高且恒定，CrossFit 运动员也应以同理对待其身体做功。

所以多花点时间不断完善自己的动作和技术细节是非常有必要的，只有这样才能打造完美的力量募集动作模式，最高效最大限度地生成身体爆发力。一旦你对动作的掌握度炉火纯青，即可最大限度地调用自己的肌肉群发力，并体会到它们的作用。你在这方面准备充分，才能应付更高难度的挑战，即便在精疲力竭、体能达到极限时也不会轻易拉伤肌肉。总之，你在各种环境下能量使用效率更高，才能节省更多的体能为了最后几分钟或最后几英里全力以赴地终结比赛。

要将爆发力从身体核心顺畅地传递到肢体末端，关键的一点就是保持身体的中线稳定性。斯塔雷特要求一名学员伸出手臂，设想手肘是身体的躯干，然后放松整条手臂的肌肉，试试可以做什么样的支撑。事实是，如果以前没有做过类似的训练，你什么样的支撑都做不起来。保持脊椎处于中立位，利用核心肌肉硬化整个躯干，从而形成“中线稳定”，并要避免超伸或伸展不足。“可以将固化的脊椎设想成水平伸出的手臂。只有保持躯干的坚固稳定才能最大效率地调动髋和肩部的肌肉群。”斯塔雷特告诉我。这样你才可以有效利用能够产生最大爆发力的身体部位发力，并将其传递到肢体末端。

如果你的关节灵活度不足就很容易受伤，而且也无法进一步提高自己的运动表现。一旦你无法控制自己的髋部或肩部，伤痛一定会乘虚而入，事实就是如此简单。人们总认为腕部或脚踝很容易出问题，事实上真正出问题的是肩部和髋部。膝盖或手腕的伤病往往只是表象，问题的根源在于这样的运动员连一个标准的空蹲都做不到，后背前倾无法保持脊椎的中立位。

如果你的动作灵活度不足，则需要补强这方面，不然迟早会为此付出代价。“比如你丧失了 20% 的身体后侧链伸展灵活度，”斯塔雷特说，“那么要保持运动能力，你要多消耗多少能量？如果恢复髋部的打开幅度，你就不用消耗额外的能量，提高动作的效率，降低额外做功，就可节省更多体能用到其他地方。”

第 5 章

水中的双桨：CrossFit 饮食与训练

我在极乐园健身馆的第一个月，恰逢馆里有学员去参加临近 CrossFit 健身馆举办的小型比赛。我当时已经看过了 CrossFit 的全球总决赛的视频，但还没有亲眼目睹过这种小规格的当地社区比赛。其中一个来自我们馆的参赛选手名叫布里安娜·特劳斯特（Briana Drost），25 岁，在警察局做夜班调度员，白天在攻读心理学的硕士学位。但她仍旧可以保持一周来好几次健身馆的训练频率，虽然出现的时候老能看到她的黑眼圈。即便面对如此繁忙的工作，但她在训练时仍旧是全力以赴，令我自愧不如。每当下了白班或晚班，特劳斯特拖着疲倦的身子来到馆里上课，一旦训练开始立即恢复了女汉子的本色，整个小宇宙全面爆发，将自己的力量发挥到极限去完成每一个训练内容。每次她和我同时做训练，我几乎都是她的手下败将，此时她脸上会闪过类似食肉动物面对猎物的优越感，为能够打败我而沾沾自喜。

在这次比赛里，我终于可以近距离观察这位劲量女汉子的表演了。比赛那天是周六，圣迭戈骄阳似火，当天比赛内容共由三个部分组成。特劳斯特的比赛单元是壶铃高拉、立卧撑跳、前蹲和壶铃前摆，时间最长不超过 12 分钟，以时间最短完成者为优胜，中间不设休息时间。场地云集了来自三个 CrossFit 健身馆的参赛者和观众，围观的人群站在比赛场地的边缘不停地加油鼓劲。这让我想起了高中时代的摔跤大赛，运动员们在垫子中央翻滚角力，边上围了一圈观众涨红了脸摇旗呐喊。整个场馆没有座位，除非你想坐在那一垛垛的杠铃片上。

身处周围人群的热闹加油声中，布里安娜用 35 磅重的壶铃全力进行壶铃前摇摆的比赛。极乐园的三名教练其中的两人里昂・张和保罗・艾斯特拉达一如既往地保持着铁血教头的本色，不断向她嘶吼，令其血脉喷张，逼近体能极限。她偶尔也会停下迅速喘几口气，两手叉腰，脸色潮红。张和艾斯特拉达此时吼着简短的动作指令，使其再次开动，休息从未超过三次深呼吸的时间。

布里安娜在我眼里是个标准的 CrossFit 运动员。体型精干强壮，训练非常投入，自驱力异常强大。我一直以为布里安娜天生是个运动能力出众的体育积极分子，对于此类特殊人群，只有 CrossFit 才能接纳他们无处安放的巨量荷尔蒙。但布里安娜给我看了她在练 CrossFit 之前的照片，然后又拿训练一年后的照片进行对比，我被彻底震惊了。

一年以前，布里安娜还没有开始训练，整个人看起来非常疲劳、肥胖，明显被 12 小时的夜班生活摧残得不轻。“我一周有四十小时的工作时间必须坐在案头不能离开。”她告诉我，“白天我还要上心理学的硕士课程，第一年课程很多，我没时间好好打理自己的饮食和锻炼计划，夸张地讲就连感觉疲劳的时间也没有。上秤一秤，自己的体重竟然有 159 磅，整整胖了 30 磅。天呀！我都干了点什么？”后来她有一次和几个朋友聚会，他们都在进行 CrossFit 训练，整个人的体型和精神状态和以前相比变化巨大。她不禁发问："你们到底在搞些什么鬼？"于是她受到朋友们的鼓励，在 2010 年 8 月加入极乐园 CrossFit 健身馆开始了训练。

一年之后，她和她的朋友们一样有了很大的变化。但布里安娜后来告诉我，要有如此变化并不仅靠 CrossFit 训练，她从朋友圈里还有另外收获：要想尽快地摆脱肥胖体型，将自己打造成钢条型的精干健壮身材，就必须采用 CrossFit 的营养食谱。

营养：CrossFit 训练的基石

在 CrossFit 训练内容的金字塔模型中，营养摄入是处于最底层的基石，可以说是一种 CrossFit 的生活方式。经常会有一些长距离的耐力跑者宣称他们根本不在意自己吃多少东西或吃什么样的东西，因为反正会被跑步消耗掉。而 CrossFit 这项运动对于饮食的看法恰恰与他们相反。在 CrossFit 期刊上有海量的文章和视频阐述了自己的营养学价值观：没有正确良好的营养摄入，训练将变得事倍功半。特劳斯特最初开始 CrossFit 训练的几个月里，她并没有改变自己以前的饮食习惯，仍旧汉堡、可乐之类的垃圾食品不断。导致她发现因为 CrossFit 训练让她的体能状况不断进步，身体构造成分也有变化，但体重仍然没怎么变。

在格雷格·格拉斯曼回答有关 2011 年 CrossFit 全球总决赛相关提问的视频中，他谈到了营养食谱与 CrossFit 运动的关系。"摄入过多的加工类碳水化合物，是引起人体新陈代谢紊乱的元凶，正危及几百万美国人的生命。”并且他明确地指出不良的饮食习惯对于抗胰岛素、成人糖尿病、心脏病与癌症的影响。CrossFit 运动自然而然需要秉持正确良好的饮食习惯，它的终极目标就是为了提高人体的健康和强壮水平。然而格拉斯曼还指出良好的饮食习惯有助于提高人体的运动表现。他列出了很多相关性的理由，比如正确的营养摄入有助降脂增肌。

“一个人减掉 20 磅脂肪，长了 5 磅肌肉，那么体重就下降了 15 磅，还可以比以前多做 10 个引体向上。”格拉斯曼说到。“一名 CrossFit 运动员，如果只注重营养，就像仅用一条桨在水里划船。只注重训练的话同样也是如此。”

只有营养摄入和训练双管齐下，才能如虎添翼，使得运动表现飞速进步。

旧石器饮食和区域饮食法的黄金组合

在 CrossFit 运动中，有关饮食的健康标准由两个维度来衡量。第一个是食物的质量，与之相关的是我们所说的“旧石器时代食谱”。随便在几个 CrossFit 健身馆的网站搜一下，你就会发现大量的旧石器食谱配方，还有很多链接指向专门的旧石器食谱网站。

简而言之，旧石器食谱的倡导者认为根据人类的进化过程，一万多年以前旧石器时代人类的食物摄入合成水平高于农业时代和工业时代后的人们。旧石器时代的人们专门从事狩猎和食物采集，食谱主要有肉类、蔬菜、坚果和种子以及水果和少量含淀粉植物，没有糖（除非撞到大可以从蜜蜂的蜂巢弄点蜂蜜）。随着农业的发展改变了这一切，对于旧石器食谱的倡导者而言这样的改变是朝对人体有害的方向发展。如果严格按照旧石器时代的食谱，你只能吃红肉、白肉、鱼类、蔬菜、坚果和水果，尽量不要吃米、面、面包、牛奶和奶酪。

“去超市采购食物，其实标准很简单，”格拉斯曼说到，“尽量往肉品区和生鲜区走，就不会有错。健康的食物用不着成分标签，一眼就能看出来。贴着成分标签的准不是什么好东西。而鸡肉、土豆、苹果、梨、橘子，这样的食物一看就知道是什么，从来不会贴个标签注明它们是什么、含有什么成分。请记住我的忠告，这样才能避免患上心脏病从而延长生命。”

CrossFit 运动中与旧石器饮食法相辅相成的另一种食谱是由巴里・西尔斯（Barry Sears）博士提出的“区域饮食”。其原理旨在研究营养摄入对于人体荷尔蒙分泌的影响，从而影响人体的健康强健程度。在 CrossFit 一级教练培训手册中（可以在 CrossFit.com 网站下载），关于营养和饮食部分的教程内容就是一部区域饮食的精华指南，这表示 CrossFit 官方正式支持这套饮食方法，西尔斯多年来一直坚持认为营养摄入的质量和数量对于人体内的化学合成有至关重要的影响。如果你在相当长的时期内一直吃得不对，吃得过多或过少，那么胰岛素分泌系统就会受到损害，增大罹患重病的风险，比如糖尿病、心脏病和癌症等。

西尔斯认为平衡的饮食应该避免加工类食品。他还指出减肥完全按照卡路里的增加和消耗来衡量并不准确。控制体重、整体的健康状况以及高超的运动表现都与荷尔蒙分泌水平、胰岛素和摄入营养对于胰岛素合成的影响机制有很大的联系。高碳水化合物的饮食，特别是米面类食品和包装食品，会经常触发胰岛素分泌，从而使人体细胞变得具有抗胰岛素性。这往往是肥胖和 II 型成人糖尿病的前兆，同时也易于罹患其他的慢性疾病。

西尔斯推荐的碳水化合物日均摄入量不要超过每天总热量摄入的 40%，剩下的 60% 可以从蛋白质和脂肪中获取。他在多本著作和讲座中，讲述了高碳水化合物的饮食如何破坏人体细胞中的胰岛素接受介质，导致血胰岛素增多，从而产生抗胰岛素性，也就是前期糖尿病。当某些人的人体细胞达到这个程度，就会产生慢性炎症。西尔斯认为，平衡的饮食能够中和人体荷尔蒙对于食物的反应，使人体达到消炎的稳定状态。

在开始去 CrossFit 极乐园训练之前，我曾经做过血糖测试，结果就是显示血液胰岛素过高。作为一个长距离的耐力跑者，我从未料到这个结果会发生在自己身上。后来我才知道，这样的症状在跑者人群中并非少见。我打电话给德克萨斯大学的运动营养学首席研究员约翰·艾维（John Ivy）博士，他向我道出了其中的原委。很多研究表明，跑龄长的跑者往往能够掩盖自身的血糖问题，前提是如果他们可以一直跑下去的话。“然而血糖问题一直潜伏在体内，一旦停止跑步训练，我的这些研究对象们一周之内就会显露糖尿病的前兆。”艾维博士这样解释。我可能就是这样的情况，因为受伤而停止了跑步，饮食却仍然没有改变，每天热量摄入照样是 70% 的碳水化合物，10% 的蛋白质和 20% 的脂肪，所以才会引发血糖问题。

西尔斯在 20 世纪 90 年代就开始发表自己的研究观点，他认为高碳水化合物的食物正在杀死美国人。他的观点渐渐引起了医学界的关注，越来越多的研究人员涉足这一领域，并将自己的研究成果与西尔斯的观点互相印证。2011 年 4 月的《纽约时代》杂志上，关注食物营养领域的记者盖里·陶布斯（Gary Taubes）就此问题采访了来自加利福尼亚大学旧金山分校医学院的罗伯特·卢斯蒂格（Robert Lusting）。卢斯蒂格是小儿科大夫，是研究荷尔蒙分泌紊乱导致儿童肥胖问题的专家。他认为糖类，特别是高果糖的玉米糖浆类食品，在美国人的日常饮食中不断地增加。相比以往，美国人的糖类摄入占日常摄入的比例越来越高，根据农业部的数据显示，平均每个美国人每年消耗 130 磅的糖。卢斯蒂格认为糖类不啻于食品中的毒药。

“如果卢斯蒂格的观点是对的，”陶布斯说，“那么过多地摄入糖类正是引起肥胖和糖尿病的元凶，最近 30 年来此类病例节节攀升。不仅如此，卢斯蒂格说法的言下之意还指出糖类是其他西方人生活方式所引起的慢性病的主因之一，包括心脏病、高血压和各类常见癌症。”

CrossFit 运动提倡旧石器饮食和区域饮食相结合的食谱，关注每日碳水化合物摄入的百分比、总体食物量和每餐的营养成分摄入比例。对于热衷 CrossFit 的运动员来说，必须严格遵照旧石器饮食食谱，碳水化合物的摄入来源主要来自菠菜、土豆和苹果，远离米面或者面包等精细淀粉食品，这样不但能够保证整体健康水平，还能提高运动表现。旧石器食谱的作用就是避免高热量的食物转而用其他低热量食品替代，比如从原来的 70% 日摄入量减到非常低的水平。比如一杯面的热量是 220 卡，同样一杯菠菜的热量只有 7 卡，花菜的热量是 25 卡，一杯苹果的热量是 95 卡。而且这些替代的低淀粉食品往往含有较高的纤维素。

避免“死机”

在 CrossFit 一级教练的培训课程中，学员能够学习到关于营养学食物摄入的一些最基本原理。身体摄入碳水化合物，体内血糖会升高，胰腺开始分泌胰岛素储存多余的糖。与之相反，摄入蛋白质会使身体分泌荷尔蒙胰高血糖素，可使体内细胞释放能量。脂肪与碳水化合物及蛋白质都有联系，它虽然对荷尔蒙分泌强弱影响不大，但能够对大脑发出“吃饱了”的信号，从而制止饮食过量。

让身体处于平衡的中和状态，正如西尔斯所说的“区域”，只有遵循这样的饮食才能使身体永远感到精力充沛。按照“区域”平衡饮食法吃完一餐，身体会变得活力四射，而大量的进食米面等高淀粉食物只会让你昏昏欲睡，身体进入“死机”状态。

在 CrossFit 的教练培训课程中，学员们会知道刚开始的每日食物摄入比例是 40% 的碳水化合物、30% 的蛋白质和 30% 的脂肪。然后每个人都要慢慢体会按这样比例进餐后的身体感受，然后再不断调整每一餐的营养摄入比例。按照区域饮食法的原理，你吃完每顿饭后感到过饱或过饿都是不对的。正确的目标是饭后三个小时内没有饥饿感，同时身体感觉充满能量。过了这个时间点之后你才能张罗下一餐，或者用加餐替代。

格拉斯曼的说法是他所见到的 CrossFit 运动员个个都像化学家做实验那样严格规定食物的成分和剂量。“你一定要吃肉类和蔬菜，必须买个秤衡量每餐食物的量，每天的营养摄入必须做到如此精确，否则永远不会成为精英运动员，”他如此说到，“你想拥有顶级运动表现，那么需要顶级的营养摄入。正如顶级的跑车需要加顶级的汽油。毫无节制地胡吃海喝就像往油箱里撒尿一样，是对自己身体的不负责任。没有经过精确计量的饮食方案根本不可能期待有顶尖的运动表现。

他随后淡定地说出以下这段名言：“很多时候我也不会像上面所说那样装逼。只要诸位愿意咱们现在就能出去大鱼大肉，喝酒泡妞。但你要是觉得自己做个什么都不管不顾的吃货还能保持牛逼的运动表现，那你脑子一定被门夹过了。这世上再奇葩、再变态的人都没法做到这一点。反过来，我随便大街上找个人，让他按照上面所说的饮食法精确计量自己的每日营养摄入，这家伙就一定会一天一天地变强！”

营养：缺失的拼图

对于 CrossFit 这项运动，营养摄入具有举足轻重的地位。在很多

CrossFit 的培训和训练课程中，教练们会不厌其烦地说正确饮食的重要性。正如前面提到过，营养是 CrossFit 进阶金字塔的底部基石，也是保持身体健康体魄强健的最基本要素。格拉斯曼认为，如果要推动 CrossFit 之舟在水中前行，营养和训练就是船上的双桨。少了任一条桨，船只能在水里打转而无法前行。对于其他人来说，正确的营养摄入正是成功拼图的缺失部分。

妮可·卡洛尔（Nicole Carroll）是 CrossFit 总部的培训总监，也是饮食影响运动表现的坚决笃信者。在 CrossFit 期刊的”经典“栏目里，收录了她关于营养学的历次讲座。她有时也会为期刊写一些营养学的文章。比如有一篇名叫《拒绝死机》，就是以她自己现身说法如何摆脱对糖类依赖的故事。在“经典”栏目的一个讲座视频里，她谈到营养摄入与杰出运动表现的关系。“我们教练们经常看到馆里有新来的学员，他们进步非常快，能够出色地完成每次训练课内容，强度也很高。但一段时间后，他们会达到一个平台期，运动表现止步不前，甚至略有退步。这个现象和他们平时的食物摄入有很大关系。如果吃得不得法，无论训练多么努力都无法达到理想的效果，甚至事倍功半。所以饮食一定要吃对路，这样才能达到训练课程所设定的目标。”

布里安娜·特劳斯特这位警局的调度员对上述观点是最有发言权的。2011 年 1 月的时候，她觉得经过一段时间的 CrossFit 训练身体确实强壮不少，但还想使自己体型有进一步的改变。于是她开始按照 CrossFit 饮食原则改善自己的食谱，短短四周时间就减轻了 15 磅。这正是她成功拼图上缺失的最后一块拼板。

张告诉我极乐园健身馆的教练们不会着意要学员们改变自己的饮食结构。但如果有的学员，比如特劳斯特，发现自己进步缓慢而对训练产生挫败感的话，教练们就会建议从营养方面进行改善。“布里安娜之所以进步如此迅速，原因在于她对日常营养摄入的严格要求产生了两方面的影响，”张解释到，“人体就是一部机器，良好的机器运转需要高品质的燃料和正确的运行方式。劣质燃料则会破坏机器的运转效率。在现实中，身体就会表现为整天浑浑噩噩，睡眠不良，训练表现变差。”

正确的营养摄入使布里安娜“训练更加投入，恢复更快，从而身体精力培增，来馆里训练的频率也提高了。”张继续说到，“自然而然，她的进步就会变得非常显著。”

“第二个方面，她在每天营养摄入的数量上同样非常注重。长此以往，对于她这么一个本来体重超标的人而言简直不瘦也难了。所以每日食物摄入的质量和数量控制是她进步的关键。”

对特劳斯特而言，采用旧石器和区域饮食相结合的方式安排自己的日常饮食并不是一件容易的事。她每天要准备足够顿数的食材和加餐零食以应付 12 小时的夜班，白天的学业，还有繁忙的实习任务和 CrossFit 训练课。大家都明白严格按照这两个食谱吃东西是件多么难受的事，特别在开始阶段。但她的努力很快得到了回报。

艾斯特拉达清楚地记得特劳斯特在那个一月的巨大变化。“我一般不会对别人的减肥计划评头论足，但她的改变实在太惊人了。”他说到，“有一天我看到个女孩子在过道上走，那个背影我完全认不出来。等她转过头才发现她就是布里安娜。她的体型简直就是变了一个人。”经过 6 个月的食谱改善计划，特劳斯特同样使她的同事们大吃一惊。他们看到特劳斯特几乎都会有同样的发问：“天啊，你到底对自己做了什么？”

张对特劳斯特的进步倒显得很淡定，因为他亲眼看着这个姑娘如何苛刻地执行饮食和训练计划，持之以恒，不打任何折扣。“布里安娜的自制力非常强大，为了达到目标不惜全力以赴，”他说到，“她就是为了达到特定目标可以牺牲其他所有一切的那种死磕分子。这次她的目标就是‘身体强健’。”在如今这年头，这样的品质简直比熊猫还要稀罕。

张继续吐槽：“很多人嚷嚷着想要人鱼线马甲线八块腹肌，其实只是说说而已，要推动他们真枪实弹持之以恒地训练实在很不容易。大家都等着天上掉下的馅饼，如果得不到就觉得老天亏欠他们似的，对这些人我也是醉了。大家都应该看看布里安娜，她收入不高，每月的薪水只能在训练花费和网络宽带有线电视之间二选一，然后她就放弃了网络和电视。我打赌 99% 的沙发土豆们会做出相反的选择，然后把没钱作为放弃训练的借口。”他继续说到，“布里安娜还要上夜班，她经常下了班不睡觉一大早就过来上早课，她对于这项运动的投入和奉献实在值得钦佩。”

现在她又遵循 CrossFit 的规则摄入营养，还照旧保持训练的强度和积极态度，“布里安娜的成功都是自己不断努力的结果，她当之无愧，”张说到，“布里安娜可以说是我们经常称羡的‘从成功走向成功’的典范。每一次新技能达成、每一个新重量的突破，都会成为她不断挑战更高目标的动力。作为她的朋友和教练，能够亲眼目睹她的进步这种感觉太棒了。”

审视传统的营养摄入学说

张这个教练讲话直来直去，做事非常认真，对于自己感兴趣的领域喜欢一丝不苟地深入钻研，和那种嘻嘻哈哈的业余玩票截然不同。有一次他召集大伙在他家里搞个休闲扑克比赛，我表示也想去凑凑热闹，他立马说要借几本有关如何打扑克的书给我看看，这时我才意识到参加那个所谓的“扑克之夜”的都是高手，绝不是我想的那种随便玩玩的牌局。后来我才知道，张绝对是个扑克高手，以前靠赌场牌局上赢来的钱才上了医学院。不仅如此，他和他妻子亚历山德拉·沃尔（Alessandra Wall）的第一套房子也是牌桌上赢来的。幸好我从来没去参加他家的什么“扑克之夜”，不然估计就连裤子都要输给他了。

张对待 CrossFit 训练的态度如同他打牌那样专业，一丝不苟、精益求精。对于他人敷衍了事的训练态度一直保持零容忍。即便在健身馆刚刚成立，还处在大力招揽新人创品牌的时候，他要是发现有人训练态度吊儿郎当，一定会毫不犹豫地把他赶出去。

对于馆里有专项需求的学员，张可以提供一对一的私教服务，但他的前提条件是这样的学员必须有很强的自驱力！

他一直如此认为，你来到 CrossFit 健身馆，默认条件就是要在训练中 100% 的全力以赴，没有任何借口或退而求其次的选择。每天、每时每刻，学员在训练中都必须提醒自己要力求完美，不断挑战自己的极限。你在馆里就要打起精神努力训练，无所事事地浪费时间就是对自己不负责任的表现。每天训练结束，最好对着镜子扪心自问今天是否已经倾尽全力。要是你压根不想这个样子和自己死磕到底的话，那就不要浪费自己的时间，也不要来浪费我们教练的时间。

张一直要求他训练的运动员们保持如此高的训练热情，只有全身心地投入才能有所成就。而张本人对于运动员的训练也是一如既往的认真负责，容不得有丝毫马虎。这让我一直很好奇，如此高要求的全身心付出和如此苛刻的自律，他们到底能保持多久？

后来我终于发现，就连张这样凡事讲求极致的人，在饮食问题上也有一个小瑕疵：他喜欢喝咖啡。有一次在关于营养摄入问题的谈话中，当他被问及咖啡因在 CrossFit 整个营养摄入体系中的影响，以及是否应该戒咖啡的时候。他故意拿起手边的大号咖啡杯深深喝了一口，说："看到了吧，我是个咖啡成瘾者。从长期角度而言，咖啡对健康的影响接近于零。我们更应该关注的是远离糖类，吃真正纯粹的食物，避免加工食品。喝不喝咖啡实在没什么要紧。"

张的观点认为真正的危险来自那些农业大企业。他坚持认为那些丧尽天良的大农业资本家控制了美国的相关政府机构，以此掌握了国民营养摄入观念的话语权。

“我认为在美国医疗保健系统中存在的最大缺陷就是颠倒是非，哪些是健康的食品，那些是不健康的饮食习惯，他们完全弄错了。”谈及这个话题时张如此告诉我，“目前流行的营养食物摄入构成来自于那个经常见到的‘食物摄入金字塔’示意图，而它是由美国农业部颁布的。”

张认为这里面肯定有猫腻。“那种虚假的伪科学背后都有农业企业巨头们的资助，比如玉米和谷物生产企业等。他们和某些政客相勾结，就捏造出现在随处可见的那个‘食物摄入金字塔’示意图。”

张的立场和 CrossFit 圈子里其他研究营养摄入的大腕们一致，他们都同意巴里·西尔斯的说法。“长久以来那些专家们一直告诉我们要吃高碳水化合物、低脂肪的食品，真相是高碳水化合物才是西方发达国家最可怕的健康杀手。这样的食品是引起糖尿病、高血压、肥胖和心脏病的元凶。医院里挤满了患这些病的病人，他们都是按那个食物金字塔的指示摄入每天营养的。”

最基本的事实即是如此，“在过去几十年里心血管疾病已经成为全美死亡病因的第一凶手，糖尿病、高血压、肥胖和各类癌症都与其有千丝万缕的关系。如果你得了其中一种病，那么很可能会得上面的另一种疾病，它们互为因果，产生连锁反应。”

而这些看出这个骗局的先驱将面对一场毫无胜算的战争。披着权威的外衣四处横行的伪科学理论已经掌握了主流话语权，无论是平头百姓还是医学权威都不愿接受他们长久以来笃信实践的食物营养理论竟然是错误的。要让人们全盘推倒以前的陈旧错误观念并改变自己的饮食习惯简直比登天还难。特别是最近，控制谷物和玉米生产的企业巨头们正在四处活动，他们要保持原样，绝难允许这样的改变。无论是玉米还是谷物行业，都是价值好几十亿美元的巨大市场。美国政界向来是个你有钱你先说的名利场，所以别想指望那帮政客会挺身而出抨击这些错误的饮食理论。

张悲观地认为这样糟糕的局势在未来几代人身上都很难有大的变化。“人们也许慢慢会明白过来，用他们的钱包投票，来选择吃什么样的食品。从这个意义而言，CrossFit 运动为某些人打开了一扇窗，用民间的力量推动饮食习惯的改革。”

如果这样的改变确实在发生的话，那么让钱包投票的风暴来得更猛烈些吧！因为近年来很多数据显示，在儿童中间 II 型糖尿病的发病率正显著提高，这是一个新动向。过去 II 型糖尿病也被称为“成年人糖尿病”，因为那时儿童基本不会有如此病症。而现在随着儿童肥胖越来越常见，他们成为易患糖尿病的高风险群体。更糟的事情是很多治疗成人 II 型糖尿病的药物并不适合未成年人群。一旦患病，病人将面临失明、截肢等巨大风险，也有很大可能发展成某些长期慢性疾病例如心脏病或癌症等。

所以我们要在这里大声呼吁，不仅是 CrossFit 的运动员们，所有还在吃高碳水化合物、高糖食类品的人都应该好好考虑旧石器饮食和区域饮食法！

饮食挑战赛

在 CrossFit 健身馆里，进行饮食改善训练的主要手段是举行“挑战赛”。2011 年 8 月，我在极乐园第一次参加这样的饮食挑战赛。当时我对比赛有点小兴奋，但想到要对自己几十年来的饮食习惯进行如此大的改变，未免也会忐忑不安。

这样的挑战赛时间持续六周，从周一开始，实行计分制。根据每餐饮食的内容进行积分加减。遵循旧石器食谱的一餐可以得一分，区域饮食一餐可以得两分，旧石器和区域结合食谱一餐可以得三分。如果你的碳水化合物摄入完全来自蔬菜（水果不算），可以额外得到一个奖励积分。训练也是赢取积分的主要来源，一周三次 CrossFit 训练可以得到固定积分，一周四次可以得到一个额外奖励分，一周五次可以再得一分，五次以上不再奖励。你的睡眠时间也被列入计分系统，此外还有每天的饮水量，是否补充鱼油和其他保健品，都包括在这个计分系统里。

挑战赛开始的第一天，每个参赛者都要秤体重，测量体脂，然后做一个 CrossFit 基准训练——『辛迪』（Cindy）。

『辛迪』

20 分钟内做尽可能多的

5 个引体向上、10 俯卧撑、15 个徒手深蹲的循环

于是在 2011 年 8 月 22 日，我第一次没有降低难度按照标准要求完成了这个训练。我已经掌握了借力引体向上的技术，俯卧撑和徒手深蹲的动作难度相对不是很高。在 20 分钟里我拼尽全力，最后完成了 11 组。做完后我躺在地上大口喘着粗气，很难想象自己是否还能做得更多。从那刻开始，自我挑战已经启动，在六周当中我要好好管理自己的饮食摄入，然后用『辛迪』来衡量这样的饮食方法是否真的可以提高自己的运动表现。

在挑战赛期间，馆里最显眼的位置贴了一张大海报，上面列出每位参赛者的每周进度，他们的起始体脂、体重和『辛迪』的成绩。海报还有六栏，每栏显示每周的得分情况，这样参赛者可以彼此了解他人的饮食训练情况。

我买了个食品秤和量杯，按照规定的食谱管理自己的每一餐。按照西尔斯和格拉斯曼的说法，训练者不用一直用这些工具测量自己的饮食，只需要在开始的时候那么做就行了。这样的话你可以形象直观地了解自己每一顿的食量大小，还能目测每餐中蛋白质、碳水化合物和脂肪的比例构成。

根据西尔斯主张的营养成分计算法，我算出自己每天的蛋白质需求是 120 克，要求在每天的三次正餐和两次加餐中分别摄入。每

顿正餐我还要按正确的比例摄入碳水化合物与脂肪。

“这样的吃法实在不是一件容易的事，”西尔斯在一次访谈中对我这样说到，“特别是区域饮食和旧石器食谱结合起来。我在自己写的书里尽量把这样的饮食方法描述明确，使其能够简单易行。”（在他的著作中，西尔斯直接明了地讲述了食谱的做法和食材的获得渠道。我第一次接触区域饮食法的时候，根本不知道那个“适量”是多少量。而西尔斯在他的书里解释得很清楚，很快我就学会了如何安排营养成分的每餐份量。）

大家都说第一周是最艰难的日子，我买了西尔斯几本关于区域饮食的食谱书开始钻研起来。关于每天蛋白质摄入的部分还算简单，4 ~ 5盎司的鸡肉、鱼或红肉，这些不仅秤起来容易，烹调也很方便。脂肪部分也还好，几茶匙的橄榄油，几汤匙的鳄梨，或者很少量的坚果（比如加餐的零食可以吃一个澳大利亚坚果）。量虽然不大，但做起来都还算简单，每天只要这点脂肪摄入就足够了。我的经验是不能把坚果放在随手可及的地方，不然难免吃个不停。

碳水化合物部分才是这个饮食计划最难的地方。主要有两个原因：第一个是计算蔬菜中的碳水化合物含量比较复杂。一开始我用卡路里计算器来计算菜板上的各种蔬菜，包括花菜、大白菜、甘蓝、菠菜、小萝卜、洋葱等。五花八门的蔬菜，搞得我像在解高等数学题。

后来我发现袋装的冰冻蔬菜简直就是解决我麻烦的神器。这玩意份量已经秤好、切好，而且也搭配完毕，我买来就可以下锅，省了不少麻烦。这样我能保证所有的碳水化合物都是从蔬菜中摄取，可以多得一个奖励分。

第二个问题，原因其实我很想得到那个奖励分，所以必须用旧石器和区域结合的食谱，还要保证所有碳水化合物摄入都来自蔬菜。有一次我的晚饭碳水化合物摄入是吃芦笋。一根芦笋的碳水化合物含量是 2.5 克，我要吃十四根半芦笋才能完成标准的碳水化合物摄入。于是我只能硬着头皮不断地吃下去，即便很饱了也得把这些芦笋全吃完才算。最后我逼着自己完成了这个挑战，拿到了那个奖励分。

早餐的时候，我通常是吃一整只鸡蛋外加几块蛋白，还有大量的菠菜。偶尔有几天改善下伙食，我会打破旧石器食谱，不过区域饮食的积分还是要挣的，于是我早晨喝一种混合饮料，这个配方是从 CrossFit 期刊上营养摄入部分找出来的。它混合了牛奶、冰冻草莓、蓝莓、蛋白粉和一勺腰果，这么一顿早餐只能拿到 2 个积分。在西尔斯和我的访谈中，他也谈到将区域饮食和旧石器食谱结合的饮食对常人来说难度翻倍的问题。对于每天朝九晚五的上班族来说，食材的采购和每餐烹饪的时间都很成问题。我就因为日常工作繁忙而不得不将同样的东西吃了一遍又一遍，根本没工夫去翻新花样。

不过好消息是我会尝试很多新奇简单的方法烹饪食材，每天晚上还会提前做好第二天的午餐和午后加餐，打包放进冰箱，这样可以省下不少白天的时间。

我越来越习惯这样的饮食吃法，也找到了一些做饭的小窍门。

至于午餐和晚餐，我一般来说会做一些冰冻蔬菜作为碳水化合物摄入，蛋白质主要吃鸡肉和火鸡，脂肪则吃一个鳄梨。加餐主要是一盎司的鸡肉和一些水果、蔬菜，还有坚果。当然，这都是要按照区域饮食法进行严格搭配。有时候我晚上想放纵一下，于是加餐的夜宵会喝一杯四盎司的红酒加一盎司的鸡肉。

因为工作原因，我有时候难免要出差，这样就很少有时间打理自己的每餐饮食，那么那一周的积分就少得可怜。不过比起参加挑战赛之前，我的饮食习惯和营养摄入已经有很大的改变。

就这样过了六周，比赛结果终于揭晓了，我对自己身体在这六周的变化大为惊叹。我的体脂率从 17% 降到了 15%，20 分钟的『辛迪』体能测试从原来的 11 轮增加到 14 轮。我确确实实比六周前多做了 3 组，就是多做了 15 个引体向上、30 个俯卧撑和 45 个徒手深蹲。想想我第一次做『辛迪』的狼狈样，原本想六周后如果能多完成一轮就已经要偷笑了，想不到我竟然进步了三轮。

最重要的是我的血糖也恢复了正常，高胰岛素血症消失了。我的血糖浓度比六周前下降了一半，恢复到了正常水平。（不过按西尔斯博士的说法我还有提高空间，努力将细胞炎症控制在最低水平是保持巅峰运动状态的不二法门。）

我这下完全相信了，饮食摄入对于人体健康和体能状况确实有很大的影响。以前我一直以为作为一个跑者怎么吃都不怕，反正会被大运动量消耗掉，我的亲身体验证明这样的想法是多么的荒谬。

第 6 章

健身亚文化：CrossFit 社区及背后的社会学成因

有一天我在极乐园馆里上完训练课，和另一个名叫戴夫·班内特（Dave Bennett）的学员在场地边上聊天。他刚从橙郡回来，那里有个一天赛程的小型 CrossFit 比赛。我们正聊得热火朝天的时候，门口来了一位运动装束的女士推着婴儿车从我们身边经过。她仔细看了下今天的训练内容，发现有室外跑步的训练，于是问我们是否能在她上课时帮忙照看下婴儿车里的孩子。我和戴夫还没来得及反应，周边的人就连声答应着，每个听到的学员都热情地表示愿意帮她照顾孩子。

戴夫看着我笑道，“虽然我还没孩子，但有朝一日有孩子的话，我会信任地把孩子交给这里任何一个人照看，无论哪一天都可以这样做。”

他的言下之意很明白，这个馆就是一个团结紧密的社团，学员之间相互信任，亲密无间。有些新学员初来乍到，不是对这里的每个人都很了解。但这并无大碍，极乐园健身馆长期以来铸造了自身的社区文化和学员之间的信任，每个人都可以做到互帮互助。

各个 CrossFit 健身馆的社区文化建设多多少少总有差异。有一次戴夫告诉我整个极乐园馆里差不多有 80 名学员，规模不大，然而大家彼此熟悉，互相之间关系处得非常好，是个小而美的优秀团体。当时我在想那么大点的馆子还能保有这样的良好气氛和团队关系，而 CrossFit 比赛上每个人还会这样互帮互助吗？很快我就找到了答案。

2011 年的 CrossFit 全球总决赛在加州洛杉矶南面的卡森市举办。我前去观看比赛，在现场还碰到一个熟人。这哥们是我两周前去波士顿出差时在那里的 CrossFit Southie 健身馆临时训练结识的，当时我们一起上过训练课。我当时见到他实在有点喜出望外，想想上次见面还是在 3000 英里开外的东海岸，不得不感叹这个世界真小。两人都是来观看总决赛的，聊天的话题自然离不开 CrossFit 的见闻和周围这些从全球聚集起来的 CrossFit 爱好者。

“你觉得这里的人怎么样？”他问到。

“我不是很明白，你指哪方面？”

“你不觉得这个场地上的人举止都特别友善吗？无论是在场馆里，还是在停车场或是观众席，人们都表现得彬彬有礼。你上个厕所里面出来的人都会朝你微笑并让路。四处都是脸上挂着笑容随时愿意出手帮忙的善良群众。”

他说得没错。从外表看来这里的人打扮有点非主流，大部分人全身画着纹身，配着形形色色的运动装饰，例如过膝的长筒袜和五彩斑斓的极简健身鞋。但你很难想象如此张扬装扮的 CrossFit 爱好者在总决赛现场都表现得如此友善并乐于助人。

CrossFit 运动爱好者的穿着打扮如此特立独行、个性鲜明，外界从表面看起来总认为他们是个以自虐为乐的非主流健身小团体，我没有深入接触 CrossFit 之前也是这样认为的。就连 CrossFit 运动员自己也承认这项健身运动带有类似宗教的狂热气质。在很多互联网论坛和社交网络上，你会经常看到“请喝下这碗鸡汤”之类的话，说这话的人背后准没啥好心。这种洗脑方式最早的出处来自 1978 年在琼斯镇发生的邪教集体自杀事件，当时狂热的邪教信众们就是被这样的话教唆喝毒药集体自杀。CrossFit 无论从哪个特征而言都绝不是什么邪教，它不会给你洗脑，它也不会组织人们去机场卖花，更不会强迫人们崇拜哪个反社会的神龙教主或星宿老仙。但常人看到 CrossFit 的爱好者社群认同感如此强烈，如此团结互助友善，难免会有如此疑问。其实每个 CrossFit 健身馆的社交结构特征和我们身边的宗教团体颇有几分相似之处。那么问题来了，即使 CrossFit 不是狂热危险的邪教，那它是不是一种宗教呢？

CrossFit 能否称为一种宗教？

艾利森·贝尔格（Allison Belger）博士是一名心理学家，她和丈夫 T.J. 贝尔格开了 4 个 CrossFit 健身馆，并撰写了一本有关 CrossFit 文化研究的书籍《社区的能量：CrossFit 和人类交往之力》。她对此给出的答案是肯定的。我曾经对此书与她有过探讨，她的看法是：“如果从宗教文化层面而言，比如不论种族肤色外貌，不论出身背景，不论什么样的利益诉求，都可以加入 CrossFit 运动的社区团体。从这个意义上来说这就是宗教的功能之一。我们的各大主流宗教，不就是要求信众求同存异，为一个共同目标而团结在一起吗？”

早在 2008 年，贝尔格的丈夫 T.J. 贝尔格就把自己的私人健身馆改造成 CrossFit 授权的体能中心，所以她亲眼目睹了一个 CrossFit 社群发展的过程。她告诉我，不是每个人都适合 CrossFit 这项健身运动。以团课形式为主，强调学员之间互动的高强度健身训练方式绝不是什么群众喜闻乐见的香饽饽。很多人乍一接触就叫苦连连，忙不迭地打起退堂鼓。但有些人却对 CrossFit 一见钟情，难以自拔。他们觉得 CrossFit 能够带给他们的不仅是身体运动表现的进步，还拓展了社交圈子，这在虚拟社交网络大行其道的时代已经弥足珍贵。他们很享受训练中周围的人们互相鼓励打气，喜欢教练们观察每个学员挨个纠正动作，甚至喜欢 CrossFit 那种记录下各项动作成绩并让你来不断打破的挑战方式。贝尔格认为，如此这般的 CrossFit 社群化特征正是吸引人们来专门的 CrossFit 健身馆训练的力量源泉。人们在这里从陌生到熟稔，有的甚至成为好友。

> CrossFit 消除了人与人之间的障碍隔阂，建立起团结紧密的社区。

贝尔格还举了一个鲜活的例子，证明 CrossFit 社区成员的友情远胜那些冷冰冰的传统健身房。有一位在她馆里训练了 6 个月的学员玛吉·赛门斯塔德（Margie Simenstad），她住在纽约的兄弟乔（Joe）不慎从住处的二楼坠下，导致脑震荡和肢体受伤。她得知消息后当夜坐航班去纽约陪伴他。

在《社区的能量》一书中曾记录了这件事，赛门斯塔德在飞机上忽然有个想法，向自己训练的 CrossFit 健身馆寻求帮助。这是她破天荒头一次这样的做法，以前甚至想都不敢想。她如此写到："我对于乔的遭遇，尽量往好的一面去想，但又深深感到自己的无力与渺小，在这样一个时刻竟然没法做什么能够帮到他。""我一向是个非常现实的人，根本不相信什么祈福啊祝平安啊点蜡烛之类不痛不痒的东西，觉得都是虚情假意。但在当时的环境下我竟然会这么做也许是为了能抓到最后一根稻草的情急之举吧。"

赛门斯塔德当时一反常态地认为要是很多人为她兄弟祈福的话，也许乔真的会有好转。于是她给 T.J. 贝尔格发了个短信，说明了当时的情况，并询问是否能向馆里的大伙传个话，大家都来为乔祈福，鼓励打气。

T.J. 贝尔格马上在健身馆告示板上贴了张海报，说明了赛门斯塔德的处境和她的请求。仅仅一周之内，赛门斯塔德收到了海量的慰问电邮和电话。"有的人仅有一面之缘，有的甚至素不相识，但他们都发来消息表示慰问，表达对我的支持，为乔祈福，有的还愿意帮我照看孩子。一旦想到有这么多人牵挂着乔，祝愿着他，我立刻鼓起勇气坚持下去，去面对生活的坎坷。那时我终于清醒地意识到，能够成为 T.J. 贝尔格馆里社区集体的一员，实在是人生中最幸运的事。"

人潮中的孤独

在诸如 Facebook 之类虚拟社区流行的时代，网络技术的发展会进一步蚕食美国人的社区认同感。心理学家和社会学家对此忧心忡忡，有关于此的具体案例也屡见不鲜。

1995 年罗伯特·帕特南（Robert Putnam）在《民主期刊》上撰文《独自玩保龄：美国社交财富的败落》（此文后被独立出书，2000 年出版名为《独自玩保龄：美国社群的兴亡》），他认为，从 1950 年开始，美国人的社群联系和面对面的交往就呈下降趋势。该文名字的出处源自他发现截至 1995 年，各大保龄球俱乐部团体的人数一直在减少，而总体打保龄球的人数却在增加。这项研究认为这是一个典型的案例，说明美国人渐渐变得自我封闭，缺乏意愿加入各个民间组织和形形色色的活动俱乐部。

想想那只是在 1995 年，这篇文章问世的时候还在用“猫”上网，Email 也普及没多久。如今已是移动互联网时代，众人只顾低头看手机却对周遭的物是人非浑然不觉。帕特南当年大肆抨击电视和分散的郊区生活是社区感减弱的罪魁祸首，而如今随着技术的不断发展，他的理论不幸言中，俱已成真！

近来也有不少报告讨论虚拟社交社区对于真人交际的影响。在《大西洋》杂志上有一篇文章名为《脸书是否使我们更孤独》的文章，发表于 2012 年 5 月，作者是史蒂芬·马尔升（Stephen Marche）。他在文中探讨了当今社交孤独症的蔓延渐有愈演愈烈的趋势。

在2010年AARP的调查问卷显示，接受调查人群中45岁以上的人有35%表示有慢性孤独症，而2000年这个比例是20%。曾经有顶尖的科学家就这个课题做过研究，预估有20%的美国人，差不多6000万人口，因为孤独感而对生活质量不满。在整个西方社会，临床医生和护士们已经开始讨论社交孤独症蔓延的危害。

他们认为孤独对于人的身体极为有害。孤独症会使你比同龄人更早进养老院。你会变得不爱运动，增加肥胖的概率。你会相对承受不了伤筋动骨的大手术，更高概率导致荷尔蒙不平衡。你会有更高的风险得各种炎症，你的记忆力会更早衰退。你会变得更加忧郁，睡眠质量变差，更高概率得老年痴呆症，出现人体认知方面的问题。

雪莉・特克（Sherry Turkle）是麻省理工学院的教师和心理学家，曾著书《一起孤独：为何我们对科技充满期许，却对他人失望》（2011年出版）。在书中她坦言，她发现现代科技的发展能够使人们避免真人交际面对面时的情感尴尬和危险。她特别提到了某些人工智能设备，比如苹果手机的siri功能。此类技术创新不仅是方便交流的工具，还成为可以与人对话的虚拟朋友。她曾经做过一个实验，将一个机器海豹幼崽送给养老院的一名老妇，这个玩具的眼睛设计得非常传神，能够随着使用者的眼睛转动作出倾听状。特克后来说那个妇人对着小海豹倾诉关于她夭折的孩子的故事。

这个电子小海豹是由日本高级工业科学技术学院的Takarori Shibata发明的，供医学界用来舒缓老年痴呆症病人的孤独症状。但孤独感并不是老年人群独有的负面情绪，常人同样能够在与这种电子海豹的对话中寻求慰藉，这种场景以前只有在科幻恐怖小说里才会提到。也许与他人的交流是人类天生的欲望，这就是为什么 CrossFit 社区文化如此火爆的原因吧。特克主张即便在虚拟社交流行的网络时代，我们仍不能忽视生活中真人之间的社交和对话活动，在 2012 年 4 月的《纽约时代》上她撰文道：

我们逐渐习惯了这种‘一起孤独’的生活。高科技的发展几乎可以让我们一天 24 小时与全球任何一处的他人通讯联络。如此我们不必拘泥于某地的朋友圈，兴趣所致可四处游走浪迹天涯，仿佛自己已经得到了自由的真谛。渐渐地，我们每个人都是自己城堡的主人，而这个城堡里只有我一个人。

……

我们原本认为网络交流只是真人对话的有益补充，且不会成为主要的人际交流方式，但如今来看实在大错特错。电子邮件、微信、QQ、微博，所有这些互联网社交产品已经占据了我们的生活，我们做生意用它们，上班用它们，交友用它们，谈恋爱更离不开它们。但是有一点或许应该提醒大家，这些玩意永远无法替代人与人之间面对面的交流！

在 2011 年肯扬大学的开学典礼上，自嘲自己是“51 岁怪大叔”的小说家乔纳森・弗兰岑（Jonathan Franzen）曾经谈到科技手段将自己从人类社会隐身的看法。

“要追求没有痛苦的一生，那最好不要来到这个世界上。即便你对自己说：‘那么好吧，痛啊爱啊这些烦人的东西如果不能不要的话，等我到 30 岁再接受吧。’那么这十几年对你的人生意味着什么？一块地球上占坑的砖头还是只会消耗资源的机器？

……

你一个人呆在自己的房间里，无论如何表达喜怒哀乐，这个世界都不会有丝毫改变。但你一旦走出房门，和真实的人或者动物开始交流，你可能会爱上他们，那才是真正的危险。”

“天知道你会有什么样的遭遇！”

其实 CrossFit 的社区文化并不排斥互联网社交工具，反而是这些工具的高级玩家。CrossFit 极乐园就有自己漂亮的 Facebook 首页，用户活跃度也非常高。但它与弗兰岑和特克的研究观点并不矛盾，玛吉·赛门斯塔德的故事就是明证：互联网社交是真人社区建设的补充，而人与人之间关系的发展往往来源于共同的痛苦经历，比如每天训练课的体能训练。

找出共性

贝尔格发现 CrossFit 健身馆有一种魔力，能够将形形色色的健身人群聚拢在一起，组成一个貌似非常不搭的紧密社群团体。我在 CrossFit 极乐园确实找到了同样的感觉，这是我在进馆训练之前从未想到过的。我住的圣迭戈是个人员流动性很大的小地方，这里的人们往往需要花大把的时间进行洲际穿梭通勤。我已经住了七年，和其他人一样，除了上班的同事，基本没有什么额外的社交圈。

CrossFit 圈子里有句名言：将痛苦化为享受。我在刚开始去馆里训练的时候才明白这句话的真正含义。这句话并不只是说训练强度很大很痛苦，去认识一起训练的陌生人同样也不是件令人愉悦的事。教练在训练课前要求每个人互相认识打招呼。而我当时是个刚刚经历离婚风波的单身狗，习惯宅在自己封闭得如同地牢的家里足不出户，尽量避免和陌生人打交道。

后来我渐渐上课上出了瘾，每周都会在固定时间出现，一直挂着那种拒人于千里之外的扑克牌脸也总不是个事，于是我慢慢开始融入这个团体。刚开始震撼到我的是馆里教练们非凡的记忆力，他们不仅能叫出每个人的名字，还记得每个人的训练单元成绩。保罗·艾斯特拉达教练在这方面特别厉害，这个馆里有 80 多名学员，他竟然能够记得我在四五周之前做的最大举重成绩。他教起人数众多的大课向来得心应手，即便里面有好几个新人，他也能准确无误地叫出每个人的名字。

因为教练上课的时候都叫每个人的名字，很快几周后我就认识了 10 多个经常一起上课的学员。确实一起上训练课做这么虐人的体能训练能够很快催生相互之间的友情。大家要一起面对磨人的心肺训练，一起挑战自己的极限，互相激励鼓劲才会有勇气继续下去，如果是我一个人早就放弃了。我发现这种共同经历苦难折磨的体验使大家变得互相尊重，更加珍惜自己一起训练的队友。馆里还经常举办聚会和集体活动，比如万圣节活动、圣诞节活动，或者用特别命名的运动单元来纪念某些事件和英雄人物。极乐园在网上也非常活跃，在 Facebook 官网主页上会员之间的互动非常热闹，逐渐成为大家交流的主要渠道。

这种团结友爱、互相激励的气氛对每个人的健身训练都有很好的推动作用。其中，CrossFit 提供持续变化的高强度功能性训练模式，其他，另一方面训练中的队友互相激励加油，训练结束后成绩的互相比较，还有整个馆里互相友爱的社区气氛，这些都有利于学员达到更好的健身效果。大家一直来这里上课，一直不懈地刻苦训练，众人持续讨论的话题离不开训练、比赛、营养摄入和饮食，还有拉伸。长此以往，学员的健身水平潜移默化中得到很大提升。

关键的因素

早在 2001 年 12 月，格雷格·阿蒙森（Greg Amundson）就在格拉斯曼开的 CrossFit 健身馆开始训练，他目睹了第一个 CrossFit 社区兴起的全过程，这个社区后来成为成千上万个 CrossFit 健身馆社区文化发展的模板。阿蒙森认为，一个 CrossFit 的社区紧密程度取决于它的成员训练努力程度，以及是否足够投入。

“我们更追求过程，而不是结果。而在 CrossFit 训练中，努力程度代表了过程。”阿蒙森对我说：“健身馆就是个魔法之地，你来到这里意味着馆外的一切身份地位都消失了，统统被挡在门外。每当教练开始倒计时，3，2，1，开始！你就要全力以赴地开动，其他一切都与你无关。在 CrossFit 馆里，要得到尊敬和夸奖，并不取决于你的训练成绩第一，第二，或者倒数第二，而是你在训练过程中是否足够投入和付出。”

“在训练面前，人人平等！”阿蒙森说到，“它不管你是否有大学学位，是否在工作岗位升职，或者第一个到馆。唯一的标准是你这一天的训练是否尽力完成了。”

阿蒙森还说到，“训练越难、越艰苦取得的成果也越大，这是个投入产出呈正相关的运动。每当你在馆里累死累活地做着每个训练，这就是个诚实面对自己的挑战，成败由你自己掌握。每次做完训练，你会有莫大的成就感。为此你流汗、流血、肺部在燃烧，双手满是茧，但这都是你荣誉的勋章，你铸造了属于自己的辉煌。

2011 年 4 月，我参加了贝尔格的一个讲座，参加的人群多是城市社区建设的规划人员，他们想了解住地与社群人员之间的关系。贝尔格最后总结她的研究成果得出以下结论，也许有些出人意料，但她认为，一个成功社区群体的必要条件，就是要有共同痛苦的经历。她说：“你们想想自己这辈子最艰难，最痛苦的经历有哪些，然后想想哪几次是因为有集体或团队的支持才能走出困境。”

同甘共苦的经历是一个社群团体的宝贵财富。

有一位特种部队军官迈克·佩里（Michael Perry）上尉，他曾致电格雷格·格拉斯曼，感谢 CrossFit 帮助他找到了如何提升军队里袍泽之情的方法。“那是汗水、血水与欢笑交织的深厚感情。”他如此告诉格拉斯曼。CrossFit 的运动员们就是这样互相施压、互相激励，全力以赴去完成任何一个高强度的训练，然后再去迎接下一个。

所谓宝剑锋自磨砺出，梅花香自苦寒来。古往今来成大事者，无不能吃苦，懂取舍，目标坚定，一往无前。格拉斯曼有一次在 CrossFit. com 与 CrossFit 媒体总监托尼·布丁（Tony Budding）的访谈中如此说到。“这是条亘古不变的真理，经商如是，治学如是，就像学小提琴也是同样的道理。你不花功夫就没有进步，吃苦是必须的，坚韧不拔的毅力是成功的必要条件。健身更是这样，其过程充满了艰辛和折磨。所有的 CrossFit 运动员都会告诉你，要想训练有成必须能吃苦、会付出，以苦行僧的心态拥抱将来会发生的一切。

“千万不要有不劳而获、希望天上掉馅饼的心态。”格拉斯曼警告说，“那些最后放弃 CrossFit 的人都是爱走捷径，不愿吃苦，CrossFit 健身馆就是要排除这样的人。把这些心怀不劳而获想法的人过滤掉，剩下的自然都是坚韧不拔、永不言败的狂热铁杆份子，不再有滥竽充数之徒来浪费大家时间了。”

“留在这里的人共同的信仰就是都有发掘自己身体潜能的渴望，”格拉斯曼继续说：“我不会在意你的身份地位，你来这里就是和大伙一起健身，一起互相加油打气，以团队合作的方式完成每一次训练，体验成为这个团队一份子的归属感和成就感。”除了塑造强烈的身份认同感，格拉斯曼最近在推行的举措更与传统宗教的某些特质越发吻合：就是多做好人好事。他向取得授权的 CrossFit 健身馆发出倡议，积极参与社区慈善服务，诸如为孩子们补课，参与肯尼亚净水项目，为婴儿游泳资源开发筹款，支援儿童溺水死亡数据统计调查，还有持续不断地对军人、警察和消防员的多项资助和支援活动。

关于 CrossFit 社区会员之间激励共助最典型的故事，来自 37 岁的梅根・科尔尼（Meghan Kearney）。她是住在旧金山的一名社工，从事青少年不良行为的矫正工作。同时她也是 SFCF 的核心会员。她告诉我，五年以前绝对不会想到自己会有目前的状态，也不会有现在的生活。一切发生在 2007 年，她当时住在科罗拉多，被诊断出患有乳腺癌。经过好几个星期的化疗，男朋友也和她分手，遭此肉体和精神的双重打击，她已遍体鳞伤。与病魔的战斗漫长而复杂，她要做手术，肢体重造，并且不断掉发。于是她打算离开科罗拉多去旧金山投靠一个毕生挚友格雷琴・韦伯（Gretchen Weber）。“我在这里没有工作，认识的人也不多。”她回忆到：“我在家里无所事事，经常望着窗外发呆。”韦伯是 SFCF 的首批会员，自然而然拉科尔尼来馆里开辟新的人生。当科尔尼回忆起人生中那段特殊的日子，很多细节已经想不起来了，但有一个场景令她终生难忘。她清楚地记得那一天，在馆里学习做引体向上。因为化疗的原因，她掉的头发还在重生期，肌肉也萎缩了不少，但她的力量正在慢慢恢复。“馆里每个人都围着我，教练和会员们都不断为我打气，告诉我一定可以做到，”她说。科尔尼果然成功了，完成平生第一个引体向上！SFCF 帮助我开启了人生新的篇章。”

我回想自己加入 CrossFit 的经历，还记得第一次在 CrossFit 官网浏览的印象。那些图片和视频虽然激情满满，但有些过于炫耀，以受虐为乐的图片难免令人不适。比如手上被掀起或磨破的皮肤和老茧（往往都是因为杠铃、单杠和吊环动作过多导致的常见皮肉伤）、训练做完后的呕吐物都被某些 CrossFit 训练者引以为荣。我当时就震惊了，这是什么运动，我可不想把自己的双手弄得皮开肉绽，何况还有把午餐练吐出来的风险（后来我才发觉自己还是不可避免地中招了，然而我所遇到的教练训练时都尽量避免学员发生这样的状况）。但我觉得那些 CrossFit 的运动员实在太酷了，他们那种猛如虎、疾如风的动作简直是人类体能表现的精华。

虽然和科尔尼相比，我不必面对癌症病魔的挑战，情况相对好了不少。但那时候我确实处于人生的最低谷，而且自暴自弃不想爬出来。我不想加入什么社群，要让我去结识陌生人简直比上刑还难受。但我当时对 CrossFit 的社区属性一无所知，也不了解 CrossFit 馆里你不可避免地要去认识每一个人。当我意识到这点时早已入坑，我和这些人开始混熟了。不过也是在那时，我才看出来原来大部分的 CrossFit 学员不是什么人类运动表现精华，他们都是平凡的普通人，会待你真挚热忱，如邻如友。

所以与科尔尼一样，我们对 CrossFit 的感受非常相似，它是溺水时抓到的救生圈、落崖后垂下的救生绳。虽然每当我热心地向别人推荐 CrossFit 的健身方式，可以清楚看到对方眼神中流露的怀疑和犹豫。这其实是很正常的事，当年我的皈依之路也是从质疑起步的。2012 年 2 月，我要搬去旧金山，所以不得不终止在 CrossFit 极乐园的训练课，这实在是一个艰难的决定。虽然我在那里仅训练了短短六个月，但竟然如此难离难舍。那天我在馆里完成了最后一次训练，小伙伴们围坐在一起聊天，他们纷纷问起我的下一步打算，怎么去旧金山，会去那里哪个馆训练等。当时我非常感动，也难免有点伤感。我就要离开这些了，虽然相处时间不长，但他们已是我生命里非常重要的伙伴。友谊就是在如此不经意间发生了，直到彼此觉得不可或缺。不得不说再见，离开你们是我心中永远的痛。

第7章

艾琳的历练之路：经典案例分析

你要是每周一到周五下午四点半造访CrossFit极乐园，参加那里的训练课，总会遇到艾琳·梅西亚（Irene Mejia）。她会热情地欢迎每一个新面孔，并做一番自我介绍。在训练结束后，还会给你一个大大的拥抱，不管两人是否已经大汗淋漓。艾琳是位训练起来非常拼命的女汉子，每当她突破自己个人极限重量时，总会爆发惊天动地的嘶吼。艾琳已经38岁，但我很少见到像她那样专注狂热的CrossFit训练者，一周上六次课，这个训练量对于一般人而言早已超过负荷。周末她还喜欢周游全美的各个CrossFit健身馆，并在那里上临时训练课。截至2012年，她走访了48家健身馆并进行了训练。艾琳平素活泼开朗，笑意暖人，和她说话着实会令人愉快很多。她是个活力四射的拉美女孩，喜欢迪斯尼，爱跳莎莎舞，生活的节奏就像个全场紧逼的篮球巨星那样能量满满。

但你肯定很难想象，艾琳·梅西亚在2010年6月刚刚加入CrossFit极乐园训练馆的时候，从家到训练馆仅仅两个街区都走得气喘吁吁，当时她体重415磅，患有过度肥胖症。

无论是儿童肥胖、青少年肥胖还是成年人肥胖，近十年来都已成为媒体关注的热门健康话题，因为肥胖症是引起多类疾病的元凶，被公认为人类健康的大敌。

根据全美疾病防治中心的研究显示，全国有三分之一的成年人患有不同程度的肥胖症，仅在 2008 年，花费在治疗肥胖症的医疗费用高达 1470 亿美元。保险公司对于肥胖人群支付的医疗费用远高于正常体重人群（人均花费多出 1429 美元）。

肥胖主要会引起成年人和儿童糖尿病，也会导致高血压以及呼吸系统疾病，严重的还会引发心脏病和癌症。

几乎所有的健身运动都会标榜自己对于减肥的效果。那么 CrossFit 这项运动又是如何来解决这个堪称 21 世纪人类健康最棘手的难题呢？本章会用艾琳的亲身经历来证明 CrossFit 如何促使个人养成正确健康的生活方式，从而终身远离肥胖的威胁。

CrossFit 之道

CrossFit 的教练们一直宣称这套健身体系是战胜肥胖的终极利器，独一无二的高强度训练和营养饮食方法的组合简直就是绝配。一方面，高强度的训练相比单调的有氧运动能够更加有效地消耗热量，增加肌肉。另一方面，遵从旧石器食谱的营养成分摄入，并以区域饮食法衡量其摄入量可以直击引起肥胖症的命门：过量摄入碳水化合物。

正如在本书第 5 章所述，高糖摄入会扰乱人体胰岛素分泌，引起高胰岛腺症，从而导致 II 型糖尿病。CrossFit 教练们会告诫所有立志减肥的学员必须远离糖、加工类食品和垃圾食品，取而代之的是旧石器与区域相结合的饮食菜谱，食用正确比例的红肉、白肉、鱼类、蔬菜、水果，还有种子和坚果类，但对淀粉和糖类应畏之如虎。

理论归理论，实践起来真是那么回事吗？最终的效果究竟如何？我从艾琳的亲身经历中找到了答案，事实告诉我们这确实有效。

我刚在 CrossFit 极乐园开始锻炼没几周，就发现这个笑口常开的女士不但是馆里的开心果，也是带动训练气氛的领袖人物。她当时体重 320 磅，看起来一点都不像普通人心目中的 CrossFit 运动明星。一般的主流媒体只会关注专业的精英运动员，而在 CrossFit 圈子对此并不过多关注，无论是以健身为目的的普通人还是目标为全球大赛的精英选手，在大家眼里都一视同仁。所以艾琳在 CrossFit 社区中发挥的热情、领导力和表率作用并不亚于那些运动高手。你去任何一家 CrossFit 健身馆观摩，很少能看到特种兵身材的猛男壮女云集操练，更多时候是许多拖家带口的妈妈们凑在一起做运动。CrossFit 大家庭会用热情融入每一个成员，无论是精英高手还是刚入门的初学者，艾琳就是铁证！要将健身水平差距如此悬殊的人群紧密团结在一起，CrossFit 主要靠两种非常有效的机制。第一种是教练与学员，还有学员之间的双向交流。学员在馆里开始训练的第一天就会感受到来自各方的支持和鼓励。教练叫得出每个人的名字，学员之间要互相介绍，新人会感受到自己成为馆里的一份子。第二种机制是带有竞争性质的训练。这样的做法可以使不同运动水平的人一起比拼，在训练过程中这样的比赛气氛让你把自己看作运动员，别人也将你当运动员看待。

CrossFit 运动的这些特点令爱好者们不再是传统体育的电视观众，每个参与其中的人都可以是运动员，遵从运动员的生活方式。只要在馆里定时出现，然后全力以赴地训练，你就可以成为自己的运动明星。艾琳·梅西亚的故事完美的诠释了这项运动的亲民性。

“我 38 岁了，这辈子体重一直超标，”艾琳曾对我说，“这么多年来我把所有流行的减肥方法全部试了一遍，对那些节食餐实在受够了。”

“每次在节食期间体重会有下降，然后我很快会觉得乏味而失去坚持的动力，最后的结果往往是体重反弹，甚至比刚开始更重点。大概在五年前，我开始考虑进行胃旁路手术来减重，但正好那时候我的公司要搬到另一个地方，于是我就失业了，那意味着我没有医疗保险，也没钱去手术了。塞翁失马，焉知非福。其实我内心压根不想做手术，所以发生这种事未尝不是好事。但体重对我的生活造成极大的不便，我想减肥都要想疯了。”

艾琳后来找了份新工作做会计，从洛杉矶搬来了圣迭戈。由于一份工不够维持生计，她还找了第二份工作，两份工作一做就是六年。在这六年里，她平均每周工作 70 小时，整天没日没夜地忙，锻炼、饮食计划什么的对她来说都是可望不可及的奢侈品，于是她的体重慢慢超过了 450 磅。

整整六年的辛苦工作和日益肥胖将她摧残得不轻。自然而然她得了糖尿病，过度肥胖还引发了很多其他的健康问题。

“那是 2010 年 1 月吧，我再也不想自暴自弃下去，下决心要认真改变自己的健康状态，”她说，“我戒掉了快餐和可乐，买了健身 DVD 在家练，每周进行三四次跑步机锻炼。从 1 月到 5 月，我整整减了 45 磅。头一两个月效果特别明显，但后几个月，我的惰性又开始占上风，原来的坏饮食习惯也开始慢慢恢复，体重就这样反弹了。”

偶然一次，艾琳在社区里看到 CrossFit 极乐园的海报，于是就上官网查了下。她给馆里的教练里昂·张发了封邮件，询问她这样的人是否适合来馆里训练。

仔细的介绍

张说，对于艾琳这样体型的学员，作为教练首先要考虑的是她的身体灵活度，这关乎到她是否可以完成训练的动作。她的体重在学员中非常少见，所以教练们必须事先评估，考虑她是否可以参与这项运动。“像艾琳这样的过度肥胖人群，一般来说很难不打折扣地完成 CrossFit 运动里众多的全身复合动作。”刚开始的时候，即便是非常简单的自重动作比如徒手深蹲，艾琳都无法做到。一直到现在，她的动作仍旧有很大的提升空间，身体的柔韧性和灵活度还需要进一步加强。每次的训练课她不断在提高，但离目标还有很长的路要走。我们明白对她而言要把所有的训练降阶，降低身体灵活度要求，降低重量，甚至要替换更简单的动作。比方说吧，刚开始的时候艾琳连一个仰卧起坐或一个俯卧撑都做不到。她缺乏足够的力量和柔韧性来完成这两个动作。更糟糕的是，这两个动作都是从地面开始起身，而她当时在没有人帮助的情况下根本无法自己起身。于是我们简化了动作难度（仰卧起坐从坐在板凳上开始，俯卧撑时手撑在板凳上）。她逐渐开始适应，现在已经可以从地面开始做这两个动作了。

张继续说到，对于过度肥胖者而言，身体活动受限不仅是柔韧性不好的原因，很大可能是赘肉太多限制了身体的活动。“比如说艾琳吧，她身体的赘肉使其行动很不方便，”张解释到，“因为肚子太大，所以手无法触到脚趾。在做高翻和抓举等举重动作时，她因为赘肉的阻碍也无法很好地抓杠。同样，她没法做跳箱这样的动作，因为她的腿部力量虽然比馆里一般的女性强健，但还不够支持 300 多磅的体重发力跳到箱子上。所以我们每天上课都要思考她能够完成的各种降阶动作，而且还要保证对她身体有足够刺激的强度。”

馆里的教练们对于艾琳的加入申请非常重视，他们互相讨论了很长时间，仔细研究了她这样的过度肥胖症患者如果练 CrossFit 可能会发生的各种危险情况或遇到的困难。无疑，艾琳的运气不错，她申请的这家 CrossFit 健身馆里有一个医学博士背景的教练张。张对于艾琳在 CrossFit 训练中的风险评估有自己独到的见解，他不仅有专业的医学背景，而且对于高强度训练相关知识有很深的研究。在我与张交流的过程中，他对 CrossFit 这项运动的研究之深入令人印象深刻，对训练的是非利弊有很强的把握度。在 CrossFit 运动相关领域，他的研究课题非常广泛，同时一直秉持着审慎科学的态度，绝非那些只会打鸡血的三流教练可比。而且，他还主动与其他运动领域的教练学习交流，不断完善自己的知识体系。所以，由他在极乐园健身馆主导制定训练计划和流程，标准自然非同一般的专业。

于是当教练们考虑应该如何恰当地降低艾琳训练单元的强度，并且使其心肺功能足以完成每次训练时，张如此表达教练组的想法：

“我们都知道艾琳的心肺功能不足以支持长时间的高强度训练。然而难度降低的标准只有自己最清楚，每个人在训练中的底线是尽自己所能更快、更重、毫无保留地付出。所以我们只需给艾琳一些参照和大方向上的指导，她在训练中也表现得足够努力，所以我们根本不会担心她偷懒或者放低对自己的要求。”

对于她这样过度肥胖症学员，更需要担心的是可能存在的心脏疾病和关节问题，还有其他的健康隐患，它们可能影响她体能训练的完成度，甚至使其身处险地。如何训练过度肥胖人群并没有现成的标准法则，一切“谨遵医嘱”的陈词滥调实践起来都不管用。没有一个医生敢拍胸脯打包票哪种运动对胖子百分之一百的安全。事实上对于运动的定义和区分都可以有不同的解读：一周散步三次算是运动吗？去购物拎点重物算是运动吗？正因为如此众多的未知和不确定性，医生们为了保险起见，索性不建议肥胖人群从事任何有强度的活动。推而广之，对大胖子而言任何带有高强度体能训练元素的锻炼都被视之“带有危险”。

从某些层面而言，这样的看法有点道理。与散步相比，像 CrossFit 这样的高强度健身方式需要强大的心肺功能，吸入大量的氧气，还要有更好的身体灵活度和强健的关节支撑。所以类似此类运动是否普遍适合过度肥胖人群，没有人知道准确的答案。然而具体到艾琳个人，我的担心会小很多。她只有三十多岁，年纪不算大。因为体重影响，她有糖尿病初期症状，但还没有恶化到患心血管疾病。所以在训练中，我们会慢慢开始加量，一旦发现她自己选择的强度完成有困难，立马会进行调整，降低难度。我需要在她开始训练前要求她做个详尽的体检报告吗？我当然可以这样做。但根据我的专业分析判断，她练 CrossFit 只要方法得当就不会有很大风险。我不想拒绝她，把她打发回家，不然的话她永远不会再来找我，丧失改变自己的勇气，使自己的处境越来越糟。"

刚开始几个月，艾琳就展现了她与众不同的特质。可以设想，当一个人能将续六年每周工作七十个小时的勤勉耐劳、坚韧不拔的品质用到 CrossFit 训练中将会怎样精彩。"更令人兴奋的是艾琳的心肺功能竟然很快就跟上了训练强度，"张说到。"事实就是这样，才练了几个星期，她完成训练单元的成绩就超过了馆里的一般学员水平。想想她的自重和体型，那是一件多么了不起的成就。她不但要举和别人一样的杠铃重量，还要驱动比常人重 100 多磅的身体。但很明显，她的心肺机能运转良好，足以应付这样的高强度训练。"

对于张来说，他更关心艾琳是否能够长时间保持这样的健身热情和自律。要将 450 磅的体重降到常人正常的体重范围，绝不是一朝一夕能够改变的事。张的妻子亚历山德拉·沃尔博士是心理学家，专门从事营养摄入紊乱的研究。刚开始教练们热火朝天地讨论如何训练艾琳的时候，她就先给他们泼冷水：“我要馆里的教练们先向艾琳说清楚，最终训练要达到何种目标，以及实现这个目标的艰难漫长程度。”沃尔继续说到，“她不可避免会遭遇平台期，这会令她感觉异常沮丧。”张同意沃尔的看法：“每个人的主观能动性有很大差异，一般来说过度肥胖人群的自我约束和激励意愿低很多。”时间会瓦解高涨一时的斗志：“我们担心如果像艾琳这样身体条件的学员对以后这种漫长艰辛的训练过程心怀恐惧的话，那么他们往往会未战先怯，轻易选择放弃。你想想一个 400 多磅的大胖子减到 300 磅已经算很了不起了吧？但对于正常标准而言仍是超重，他们会认为自己的训练是失败的。同样道理，一个过度肥胖患者刚来馆里连一个最简单的徒手深蹲都无法完成，练了一年后进步到可以完成一个杠铃过头深蹲了，这算是一个不错的成绩了吧。但和别人相比自己只能蹲空杠，而其他学员可以蹲 150 磅的重量，这时他难免会有挫折感，感觉自己的进步不是很大。”

然而艾琳再次证明自己不是普通人，一方面极东园健身馆的学员不是很多，能力超过她的就更少，另一方面她在馆里人缘很好，几乎所有人都愿意帮助、鼓励她。所以随着时间一点点过去，她对训练的专注与投入丝毫没有降低。

“打一开始，艾琳就展现了她对 CrossFit 训练的热爱，她的自律能力和内驱力比馆里任何一名学员都强烈得多，”张说到，“她内心燃烧着一团火，支持她不断减重，达到身体强健的终极目标，所以坚持训练对她来说根本没什么困难。她还在馆里交了不少朋友，整个极乐园社群都在支持她，鼓励她达到自己的目标，这是非常可贵的外部动力。”艾琳后来不仅自己始终保持着训练的活力，还不断激励别人一起进步。她的故事通过 facebook 上发布的照片和视频在网上很快传播开来，成为 CrossFit 运动圈里的励志佳话。

从基础课开始

我们先设想一下，假如你是个从网上对 CrossFit 有一点了解的新人，你听人说过那些体能训练有多虐多残暴，看过官网的资料，看到视频里那些 CrossFit 运动明星们做五花八门难度超高的动作。你知道引体向上、吊环双力臂，还有跳 50 英寸的跳箱是怎么回事。你对自己狠一点，于是你打算去一个 CrossFit 健身馆训练，据说那里可以提高自己的运动表现，使自己身体强健。

你也知道锻炼身体不是一朝一夕能够成功的事，会花不少时间；你还以为馆里共同训练的学员都是肌肉发达、身材凹凸有致，体型健美的运动高手。

因为上面这些原因，踏入 CrossFit 健身馆的第一步难免有点艰难，你甚至会感觉有点恐惧。但如果你是个过度肥胖患者，如果你体重 450 磅，和重获健康相比这点恐惧算得了什么？

如果你能体会这种感觉的话，就能理解艾琳当时的心态。“去上第一堂基础课之前我非常紧张，上班的时候一整天都在想这件事。”她告诉我。第一节课上完后，她艰难地走路回家。“花了我整整平时三倍的时间。我的腿累得都合不拢，蹒跚着挪回家去。有时候腿会突然发软，我不得不拉住四周触手可及的固定物，这样才不会摔倒。”

每走一步都酸爽无比；每次起身或坐下都像在上刑一样痛苦。

第二天艾琳的双腿充满了酸痛感。“我一屁股坐在一个矮凳上，后来足足花了我半小时才站起身来。我快被自己的体重逼疯了，身体酸疼感令我无法从凳子上站起来，我悲观地认为自己这个样子没法继续训练，从此我无缘再次踏入 CrossFit 健身馆了。”

艾琳的第二次基础课是在一周之后，那时她的酸痛已经减轻了不少：我花了一周半的时间完成了基础课阶段的训练，可以进入正式训练了。我的目标就是要减重，我心里明白这是一个艰难而漫长的过程，而且头几个月是最难熬的。开始时我一周训练三次，每次都特别紧张。然而每次我都想给教练们留个好印象，让他们多夸夸我还拿得出手的举重表现。刚开始训练的那段时期，我的举重动作从空杠开始，重量慢慢增加，每周都能刷新最好成绩，这让我异常兴奋。同时，我的体重也在不断下降，我开始尝到 CrossFit 训练的甜头了。我清楚地记得，在刚开始训练的那些日子，看到每个体能训练内容，我都告诉教练保罗，天呐，这个我做不了。他总是回答：‘你一定行。’那段日子我听到最多的话就是‘难度降阶’。

“能够支持我坚持下来的理由，我觉得是馆里的那些优秀教练们和一起训练的小伙伴。我爱极乐园健身馆的所有人。教练们指导我一步一个脚印向自己的目标努力，身边的伙伴们则不断为我鼓劲加油。”

首个目标达成

到 2012 年 3 月，艾琳已经在极乐园训练了 21 个月，她终于达成自己努力许久的目标。“3 月 18 日，星期天，在那一天我的体重降到了 300 磅，”她告诉我。“我开心得要发疯了。通常我都是每周一早上称一次重，然后把体重截图发给教练们。而那天我立马就告诉他们了。那一整天，甚至那一周，我感觉像生活在蜜中一样幸福满满。”

为了庆祝她的首个目标达成，馆里在周二发布了一个特别训练单元为她祝贺。艾琳打算奖励一次自己，去迪斯尼乐园好好爽了一把。“上次去迪斯尼还是 15 年前的事，我一直担心太胖了，那里所有游乐设施自己都塞不进去。”

一系列过往的照片，显示了艾琳从训练之初到现在的变化是如何惊人。她现在体重控制在 300 磅以下，整个形象显得光彩照人，脸上总带着温暖的微笑。改变的不仅是她的体重，每当我和极乐园馆里的伙伴们聊天的时候，他们总会谈起她。她在馆里不仅仅是一个励志楷模，而且还赢得了别人衷心的爱戴。虽然她的运动能力达不到运动员级别，称不上一个 CrossFit 精英，但她无形中成为这个小团体的领袖人物。而且这里的人往往在心里默认她是馆里的英雄人物，一个公认的带头人。

教练们告诉我，他们认为艾琳在这里的成功地位来自她与生俱来的强大自驱力，坚决执行 CrossFit 训练和饮食相结合的计划，并天长日久地坚持下来。其实训练和饮食联手对身体的改变绝不是减重那么简单。它不是通常概念摄入多少卡路里、消耗多少卡路里那种简单算术题，CrossFit 训练和饮食组合能够改变人体肌肉脂肪的成分比，原因在于这引起了体内的生化反应。

我询问了巴里・西尔斯博士这样的变化是如何发生的。他以艾琳为例，向我解释了饮食和训练联袂在她体内产生的影响：

“减重是因为她的体内荷尔蒙变化从而抑制炎症基因和表观遗传变异的结果。事实上，最近的一系列研究表明减少碳水化合物摄入，同时增加蛋白质摄入，能够在 24 小时内改变基因表达，使抗炎基因上调，抑制促炎基因。只要保持这样的饮食摄入，此变化就可长久维持。这就像拿块肥肉在火上烤，脂肪自然会分解掉。这个过程比简单的衡量卡路里进、卡路里出的减肥理论复杂很多。”

这也就是说，当艾琳开始 CrossFit 训练并遵守特定营养食谱后，正如西尔斯所说，她的体内炎症开始下降，细胞内的促炎基因受到抑制，抗炎基因表达提高，所有这一切发生在 24 小时内。随着艾琳持之以恒地坚持这种训练饮食，自然而然就达到了减重增肌的目的。

设定新目标

“我的下一个目标是继续减掉 50 磅体重，降低到 250 磅以下，”艾琳告诉我。“我打算花更短的时间达到减重 50 磅的目标。现在我感觉浑身是劲，自信满满，绝对可以在年底前实现自己的计划。”

看来艾琳成功减重到 300 磅的成就使其自信心大增，她眉飞色舞地向我描述了自己最近的训练内容：她每周训练六节课，其中五节课她都会加练 2000 米划船。她觉得自己还有两个方面有待改善，也是她前面减重阶段做得不好的地方，一个是不能严格控制饮食，另一个是睡眠时间。

对于睡眠，她告诉教练们自己晚上平均睡五个小时，教练要求她起码睡足七个小时。至于营养摄入，沃尔觉得艾琳在这方面进步缓慢，原因是她对食物的看法仍旧是老样子。“艾琳在饮食方面的问题是缺乏持久性。”沃尔认为一个人如果要长期保持健康饮食使体重不反弹，就必须彻底颠覆自己原有的食物营养观念和烹调方法。一时兴起的短期戒食疗法长远来看根本没什么作用。“我对那种戒断食谱并不是那么认同，”沃尔说到，“重要的是改变自己的生活方式和饮食观念，使其变得像呼吸那样自然简单，只有这样才能给身体带来持久的健康。”

艾琳原来的食谱是周一到周五的工作日严格只吃鸡肉和蔬菜，到了周末就放纵的将糖和垃圾食品吃个爽。沃尔发现艾琳之所以无法一直控制饮食的原因在于她根本不会做饭，对厨艺一窍不通。于是沃尔在馆里组织了一系列的聚餐活动，将大家召集在一起做菜，尝试烹调一些健康新颖的创新菜肴。通过这样的机会，艾琳能够学到不少基本的烹调技能。

艾琳的传奇仍在继续。一旦她掌握了烹饪技能，那么会比以前有更大的进步。沃尔处心积虑地为她设计烹饪学习班，她对达成目标无比坚定的决心和出色执行力，还有诸多周围小伙伴们的鼓励喝彩，都将是她一直奋斗、永不放弃的动力。艾琳无疑是个幸运儿，她正好找到一家教练有很高医学造诣的 CrossFit 健身馆，而且这个教练的妻子还是个研究营养摄入紊乱的专家。看来一个人只要足够拼，全世界都会站在他这一边。

不过艾琳的故事对于其他人而言，到底有多少普遍意义？CrossFit 的高强度训练方式与它所推崇的饮食方法是否真的放之四海而皆准，可以成为所有减肥患者的灵丹妙药？事实上谁都无法给出明确的答案，这取决于个人体质、性格和 CrossFit 健身馆的条件。如果没有张这样有良好医学背景的教练，艾琳无论如何努力都无法取得如此大的成就。所以要复制艾琳的成功，就必须找到合适的优秀 CrossFit 教练。

还有艾琳自身的勇气也是非常罕见的。作为一个肥胖症患者，她不仅够胆来练 CrossFit，还成为馆里最活跃、最有领袖魅力的一份子，这实在非常难得。她还常常造访其他的 CrossFit 健身馆，广交朋友，推动社群间的交流。在极乐园，她就是这里的开心果、气氛的催化剂，每次张罗活动她都是当仁不让的组织者。在这些活动中，她乐于助人、有求必应，每个人都会得到她的拥抱和热情诚挚的微笑。在我眼里，她简直是一个敢于单挑社会自我隔离症候群的女战士，无论多么寒冷的坚冰都会融化在她温暖的笑意中。像我这样原本自我封闭的装酷大叔，竟然都被她说动去跳莎莎舞的夜总会凑热闹，这在以前简直不可想象。

艾琳最难能可贵的品质，是她可以坚持以运动员的生活方式要求自己，而且从不介意别人对她体重的偏见。

我每周有两次课会和她一起上，亲眼看到她是如何专注训练的。无论是大重量的举重动作还是各种把人虐得喘成狗的体能训练，艾琳做起来义无反顾，永不言败。我看着她一步步挑战自己，突破极限，看着她完成平生第一个俯卧撑跳，跑下第一个 200 米，要知道不久以前她连五步路都跑不了。我看到教练对艾琳和其他学员一视同仁，没有丝毫特殊照顾。他们希望艾琳能像馆里其他人一样全力以赴地付出，不带丝毫妥协和保留。让我们用艾琳写给极乐园教练组的一封感谢信作为本章的结尾，她如此写到：“虽然我还是馆里吨位最重的大家伙，但我在你们那里训练从未感觉自己是个胖丫头，我觉得自己就是一个 CrossFit 运动员。”

第 8 章

运动精华的激流：造就吐焰者

吐焰者：1. 面对巨大的艰苦体能挑战毫不畏惧的人；2. 运动员内心具备的乐观向上自驱力。

在 CrossFit 运动中，这个词的来历还要追溯到早年格拉斯曼开办的圣克鲁兹（Santa Cruz） CrossFit 健身馆。那时候馆里有一个学员名叫格雷格·阿蒙森，他是当地的一名警官，同时是一个 CrossFit 运动的狂热爱好者。在格拉斯曼的亲自指点下，他通过严格自律的训练和饮食使运动能力飞速提高。那天他刚做完一个非常残暴的体能训练，累得躺倒在地直喘粗气，嘴里嘟囔到：“我感觉自己嘴里在喷火。”从此这个词就广为流传开来，而他则成为第一个吐焰者。现在阿蒙森已经成为一名 CrossFit 教练，他和很多其他人习惯把馆里的顶尖学员称为吐焰者。

在 CrossFit 运动圈子里有很多约定俗成的比喻或术语，用来形容运动能力的高超不仅可以用火，还有水和气。格拉斯曼称之为“运动精华的激流”。这种强劲的能量可将 CrossFit 运动员推向体能巅峰。当然，它也像海浪激流或空中的高速气流一样，要取得如此强大推动力，必须义无反顾地投身其中。在 CrossFit 运动中，这意味着全面接受这项运动的方法论、价值观和理念，并日复一日地持之以恒，永不放弃。CrossFit 的健身内容绝非仅仅是坚持训练那么简单，它还包括了睡眠、饮水、旧石器和区域饮食法、肢体灵活度及其他辅助训练领域。只要有一项没有做到，你就称不上完全驾驭了运动激流的力量推动自己不断攀升。格拉斯曼关于激流的比喻是很有道理的。我发现，只要能够按照 CrossFit 的要求严格安排自己的生活方式，几乎每个人都会取得明显的进步。不仅如此，我还目睹了一些超乎常人的顶尖选手，他们之所以在 CrossFit 运动中取得杰出成就，完全是因为其独特的性情，或可称之为吐焰者精神。这些运动能力卓著的吐焰者，已经知道了如何进入激流中心的秘密，并能自如驾驭这种超人力量。所以他们的运动能力高超到实在令人难以置信。

回忆过往，我觉得自己所接触的最像这些吐焰者的是中学时代的摔跤运动员。但他们只是在自律训练方面有点类似，摔跤手的运动生涯谈不上健康，平时要增重长肌肉，比赛前要拼命减重以符合体重级别。如此循环往复，实在不是什么良性的生活方式。而且，摔跤运动员的训练生活相对单调乏味，除了训练没什么其他选择，而 CrossFit 训练中那些吐焰者精英们，相比之下更显多姿多彩。

这些人类体能精英对自己训练的这套体系看法各有不同，有的可谓自驱力超强，有的极度痴迷，有的则堪称自虐。很难用一个标准统一的理由来解释这些人为什么能成为这套体系的顶尖高手，他们性格各异，却凑巧都热衷 CrossFit，动机自然不尽相同。看他们的训练是一种视觉享受，吸引你的不仅是优美合理的动作，还有他们那种全力以赴的兴奋劲头。他们不但运动能力超乎常人，而且能够持续忍受身体的抗拒和不适，如此才能将运动表现推高到常人难以想象的高度。

每一个 CrossFit 健身馆都存在这样一批吐焰者。我在极乐园就一直和他们接触，仔细观察他们的训练，自己也跃跃欲试想成为他们中的一员。每一天，每一节课，这些高手们一如既往地专注投入，每时每刻都全力以赴。每逢比赛，那才是他们真正绽放光彩的关键时刻。

“竞摔”

CrossFit 圈子里最常见的比赛形式有个专门术语，叫做“竞摔”(throwdown)。这个词很快就在健身圈里传播开来。它往往指非官方的小型 CrossFit 体能竞赛，有点类似地下搏击俱乐部的比赛，一般是由一个 CrossFit 健身馆发起，邀请其他几家馆一起参加的单日赛事。赛事的内容有团体比赛、个人公开赛和面向所有人的难度降价赛。与全球大赛相仿，比赛会有裁判，运动员分成若干批进行每个比赛项目，并按每个项目完成的名次进行总成绩排名。

这样的比赛充满了节日气氛，大家会带着吃的一起来凑热闹，全家出动抱着娃娃牵着宠物出席也比比皆是。无论参赛者还是观众，他们都会穿各自场馆的 T 恤。比赛时劲爆的音乐几乎要掀翻天花板，旁观的人群不断呐喊鼓劲，运动员们拼尽全力将手中的杠铃举起砸下，震天声响造就出干翻全场的迫人气场，暗合“竞摔”的本意。

三个 CrossFit 健身馆（Mission Gorge、858、极乐园）在 2011 年

11 月 12 日于极乐园举行一个“竞摔”，由三个比赛部分组成。参赛者需要完成全部三个比赛，并进行计时算积分。不同于全球大赛在比赛临开始才会宣布项目，极乐园的“竞摔”内容会提早在网上发布，还包括了相关的动作标准和裁判注意事项。尽管这种比赛不限参赛资格，不论水平高低都可以报名 (即便是新手也可以参加降阶比赛，同样有专门的动作评判标准)，但如果目标要求胜出的话，就必须完成规定的比赛项目，且动作严格符合裁判标准。

我怀着一种既兴奋又紧张的心情报名了这次“竞摔”。兴奋是因为自己成为极乐园比赛团队的一员，第一次参加这样的比赛；紧张源于自己亲眼见过这种比赛的艰苦和折磨，害怕自己在比赛崩溃，被人抬着回去。比赛的当天早上，由于焦虑我起得很早。几个月前我观摩过 CrossFit Mission Gorge 举办的一次竞摔。那天热浪袭人，老厂房改造的场馆里挤得人满为患，虽然一直敞着大门，但仍像在热带丛林一样闷热难受。我看到的那个比赛单元包括三个动作：21 次壶铃摇摆、15 个颈前蹲和 12 个必须跃过杠的立卧撑跳。观看比赛时我清晰记得运动员那一张张面目狰狞的脸，一旁的教练和伙伴们歇斯底里地呐喊加油，激励他们熬过这痛苦的 12 分钟。看着他们痛苦的表情，仿佛心率快高得爆表。每次他们停下来踹口气或涂下镁粉，旁边立刻有人催促他们抓紧时间，或者鼓舞其信心。要是有人中途力竭丢下杠铃休息，他的教练立刻在一旁发出咆哮：“把杠铃捡起来，现在就去，快点！”对于此时的参赛者而言，无路可逃，无处可藏，唯一的选择就是一直做下去不要停，直到时间结束。

我啜了口咖啡，马上就要上阵去经历自己曾经目睹过的那种苦难煎熬了。我干嘛要去遭那份罪？想起来了，以前我也曾有过同样的感觉，是参加一次铁人三项赛之前。那个早上醒来我怀着同样的焦虑。但这样的焦虑心情随着时间的迫近自然会消失，比赛里根本没功夫去想这些。

准备，开动...

我到的时候，整个馆子已经人潮涌动。每个人几乎都穿着印有各自健身馆 Logo 的 T 恤，三三两两聚在场地的边上。参赛者们正抓紧时间在做拉伸，或者用泡沫轴按摩，有的则在划船机上做热身。高音喇叭里放着慢摇音乐，极乐园的教练们开始给第一个比赛单元进行场地准备工作，将 20 英寸高的木箱与单杠平行并排放置。

南面的墙上贴着参赛者的批次名单，我过去查下自己大概什么时候要上场。旁边还贴着三个比赛项目开始的时间表，第一和第二项比赛中间休息一个小时，第二和第三项之间是午饭时间。

第一个比赛项目有两个动作，参赛者要在 8 分钟内做尽可能多的规定次数引体向上和跳箱的循环，是一个考验选手力量、灵巧和肌耐力的项目。为了让更多的人能够参与比赛，这个项目也有降阶的动作安排。比赛说明如下：

项目一

10 个引体向上，10 次跳箱（高度 20 英寸），

8 分钟尽可能做最多

降阶版

10 个吊环划船，10 个跳箱或登上箱子（高度 20 英寸），

8 分钟尽可能做最多

第二个比赛项目是奥林匹克举重项目里的挺举，可分解为两个动作。第一个动作是翻站，选手要蹲站在杠前，将杠贴着胫骨略提过膝，然后用后侧链的爆发力将杠铃迅速提起。当杠铃升起到合适高度时，选手立刻蹲身“钻”到杠铃下方，用肩部接住杠铃，然后用颈前蹲的动作架着杠铃起身站直。这样一套完整的动作称为“高翻”。完成高翻后，你可以架着杠调整呼吸，准备下一个动作“上挺”。这个动作的第一步是膝盖微微向前弯曲，就像拉弓一样积蓄势能，然后后侧链突然发力将杠铃举过头顶，你要迅速将身体探到杠铃下方，手臂伸直锁肘，保持直立姿态。

挺举是一个复杂精细的动作，需要运动员将身体的柔韧性、灵活度、速度和力量完整结合起来。它和抓举（另一个奥林匹克举重动作，需要迅捷地将杠铃一下就从地面举过头顶）将是你练 CrossFit 第一年最艰难、最有挫败感的训练项目。这次的第二个比赛项目，选手有 8 分钟的时间将自己的极限重量从地面举到头顶上方。

项目二

8 分钟时间，最大重量从地面举过头顶

每个参赛者占一个举重台位置，分配一根杠铃杆，重量自行添加

降阶版：同上

第三项比赛正是困扰我整夜没睡好的真正原因：

项目三

30 个壶铃前摆（男子 53 磅 / 女子 35 磅），

20 个立卧撑跳

10 个火箭推（男子 115 磅 / 女子 73 磅），

共做三轮计时

降阶版

30 个壶铃前摆（男子 35 磅 / 女子 26 磅）

20 个立卧撑跳，10 个火箭推（男子 75 磅 / 女子 53 磅），

做三轮计时

要做这么多次数的 115 磅重量火箭推，持续三轮，而且前面已经比了两个项目，中间还有立卧撑跳和壶铃摇摆这两个动作，实在令人没法安心入睡。这个比赛单元都是全身复合动作，次数做多了心肺功能会遭到很大挑战，如同体内安了把打蛋器不停地搅拌你的心肺，实在比死还难受。对我而言，做火箭推这个动作还算好，但推 115 磅的重量就完全是另一回事了，那已经是相当重的力量动作了。

竞摔中的参赛者分批上场使周围显得乱糟糟，其实组织工作井然有序。一个场地容纳七名左右参赛者，每人都配一名裁判。这些裁判有的是馆里没有参赛的会员，有的是圣迭戈 CrossFit 社群里的老鸟或教练们。裁判的主要工作是为运动员计数，并判定动作是否符合要求。比如说吧，如果一名参赛者在引体向上时下巴没有过杠，

裁判就会叫“no rep（无效）”，就不会被算进总次数。在跳箱时，参赛者必须双腿跳上箱子，腿和髋部充分伸展。如果是单腿跨上箱子，膝盖弯曲或者身体没有充分站直就跳下来了，同样也是不被计数的无效动作，不标准的动作只会白白浪费自己的体能。

比赛

在竞摔的第一个项目开始前，运动员一字排开站在单杠后面。围观的人群集中在西侧原来放器械的地方，东侧挂着醒目的计时器。在一排跳箱前放着两个齐腰高的镁粉桶。

借力引体向上很容易把手磨破，这只是第一项比赛里的一个动作，后面的比赛项目同样要用到手抓杠或壶铃，对手掌磨损伤害很大，所以经验丰富的老鸟会勤涂防滑粉，防止手掌皮肤撕裂或磨破。手掌和手指连接处一旦磨破会非常疼，对完成某些动作影响很大。所以在比赛第一轮开始前，馆里已到处弥漫着镁粉，如同硝烟点燃。

“三，二，一，开始！”随着裁判一声令下，第一批选手开始进行比赛。根据选手们的体型和运动表现，我估计在这次比赛的 36 名选手中，几乎有三分之二是来自各自 CrossFit 馆的高手。在极乐园馆里我的水平属于中上，而在今天的比赛里我可能属于比较落后的四分之一选手队伍里。此时围观的小伙伴们不断加油呐喊，裁判们大声数着动作的次数，竞摔正式开始了！

在我这轮选手当中，我的位置正好站在其他馆两个高手中间。

在跳箱这个动作环节，我发现和他们两个相比我的下箱动作浪费了不少时间（他们是跳下来，而我是一步走下来的，虽然规则允许）。差不多我完成一次跳箱他们可以做一个半甚至两个。做引体向上时，开始我要做五个歇一口气，然后继续做五个。随着时间流逝，我的身体越感疲惫。在比赛进行到一半时，我只能连做两个就要歇一下，然后再做两个。时间还剩最后两分钟的时候我的手已经疼得发烫，上肢一点力气都没有。我必须跳起来抓住杠，摆动身体利用核心发力，尽力拉起来使下巴过杠，这时候我已拼尽全力。做完一个就要下杠休息片刻，然后把刚才的动作费力地重复一遍又一遍。我的对手们这时候也累得没法连着做很多次引体向上了，但他们仍旧可以一次做四五个。第一项比赛时间到，我已精疲力竭，但也感到一丝宽慰，毕竟我终于熬过了第一项比赛。

第二项比赛是挺举，作为一名曾经的耐力跑者，从未想到自己会和这个奥林匹克举重动作沾边。以前进行长距离奔跑时心肺耐力是关键，而举重动作如干柴烈火般激烈干脆，需要将身体灵活性、敏捷性和爆发力很好地结合起来。其他选手大多可以完成 200 磅以上重量的挺举，而我只能举起 145 磅，还是动作非常难看的那种，有点像清洁工往垃圾车上扔垃圾袋。我的裁判指出了我的缺点：我只用了蛮力硬生生将杠铃举起来，举重技术太差不懂得利用身体的爆发力。技术不行（力量其实也很有限），你只会是奥举的垫底者。这样的评价堪称一针见血，再恰当不过了。

第二项比赛后是一个半小时的午餐时间，我一边吃着一边尽量放松拉伸准备第三项比赛。我报名的是男子标准组，不是降阶组。

我开始怀疑自己这样做是否明智，会不会太自信自己的能力了。因为我去查了下两项比赛后的排名榜，想看看自己在哪个位置。结果花了不少时间，一直到榜尾才找到自己的名字。槽糕，原来叔是倒数第一。

第三个，也是最后一项比赛，被称为死亡之轮。在 CrossFit 比赛里最后一项往往是最长、最虐、最残暴的，而那时的所有选手经过前几项比赛的蹂躏都已是强弩之末。在全球总决赛里，最后一项比赛叫做“削木片”，这个梗来自伐木工干的活。它有十个比赛动作，涵盖了 CrossFit 的大部分内容，每个动作都要做许多次数，这样的比赛尽力压榨这些 CrossFit 顶级精英选手的体能和技巧，就像削木片一样将运动员的能量一片一片逐渐消耗殆尽。

最后一项比赛

第三项比赛单元由三个经典的全身复合动作组成：壶铃前摆、立卧撑跳和杠铃火箭推。这里要说一下相关的背景知识：除了奥林匹克举重、力量举和体操外，CrossFit 运动还吸取了很多壶铃有关的动作。壶铃最早来源于俄罗斯的农民，是他们用来给粮食称重的工具。这么一坨大铁家伙上面装了个把手，以便提在手里运输。后来农民们在聚会野餐的时候会比比谁的力气大，于是就把壶铃作为比赛的工具，这项运动就这么诞生了。作为 CrossFit 的标志性动作，最基本的壶铃前摆动作起始姿势如下：运动员两手握住壶铃，手臂垂直向下，将壶铃置于身前，身体完全伸展。然后利用核心肌群和髋部的爆发力，将壶铃往上甩。根据教练的要求，壶铃要求甩到的高度必须到达眼睛水平视线或者更高。要是运动员只靠手臂和肩膀的力量来做这个动作，很快就会疲劳，根本做不了几个。如在第三项比赛里要求做几组 30 次壶铃摇摆，你必须依靠核心力量和身体的爆发力才能完成。即便如此，30 个壶铃摇摆绝对不是个小数目，你一定会被累个半死。在比赛里规定是壶铃重量是 53 磅，就是俄罗斯农民用的重量单位 1.5 普特壶铃，换算成公制等于 24 公斤。

立卧撑跳是又一个考验心肺的经典动作，在全美高中的运动员，特别是橄榄球运动员对它绝不陌生。如果你是个坚持 CrossFit 运动的会员，那么每周至少要被它折磨一次。它经常被编排到体能训练单元中，以便训练学员的心肺耐力。一轮 20 个俯卧撑跳，前面还有 30 个壶铃摇摆，这就足以把你血槽耗光。后面还有火箭推这个噩梦，就是杠铃前蹲和借力推的组合动作。因为前两轮我排名末尾，所以被安排在第一批出场选手中。这样也好，不用看着别人活生生被这个比赛累成半死，自己看了难免先丧失斗志。反正躲不过去，还是早点来个痛快吧。

我所在的位置在场地的东南角，运气很不错。因为靠角落空间比较小，所以观众挤得不多。不像南边靠墙的那一排，观众满满挤了两排。我准备好了自己的壶铃，整理出做立卧撑跳的空间，然后将两片 35 磅重的杠铃片装上 45 磅的杠铃杆。我看过以前自己的训练日志，从未做过如此重量的火箭推，一次也没有。我告诉自己比赛前要做几个热身，但我内心始终无法接受残酷的现实：我的能力根本没办法完成 10 次 115 磅重量的火箭推。

“三，二，一，开始。”我开始不去胡思乱想，本着能做多少是多少的原则，先把眼前这几个动作解决了，后面的事就顺其自然吧，不用给自己太大压力。第一轮的前两个动作：30 个壶铃前摆和 20 个立卧撑跳，我硬生生扛了下来。周围极乐园的伙伴们不断为我鼓气呐喊加油。于是我来到了第三个环节，走到杠铃前蹲下，将杠铃高翻置于自己肩部。我当时看了一眼裁判对我这个动作的反应，他表情冷淡却露出一丝担忧，明显我这个动作的完成困难程度超出了他的预想。将杠铃高翻上肩后，我深蹲到臀部低于膝盖位置，然后准备奋力向上站起来将杠铃举过头顶。杠铃艰难地一点点往上移动，到下巴位置时我试图用爆发力将它推向空中，此时我的喉咙发出一声比杀猪还难听的哀吼，旁边的裁判瞪大眼睛望着我。杠铃片颤颤巍巍地向左边歪斜下去，我当时已经肾上腺素爆表，积聚起全身的力量保持住平衡，锁肘，手臂打直。正确的火箭推动作，你必须很好地利用爆发力和节奏，尽量不要掉杠。所以理论上我成功举起杠后应该自然让杠下落到肩部的起始位置，膝盖弯曲缓冲落杠到肩的冲击力。但我实在做不到， 我直接把杠铃砸在地上。当时我能够感觉到周围人看我的眼神，大家都是练家子，一眼就瞧出了我的底细。

这个比赛项目的时间限制是 15 分钟，我肯定是做不完的。而且在接下来的 12 分钟里，我基本只能绝望地挣扎，不断尝试重如泰山的 115 磅杠铃，然后结果却是连第一轮的十个火箭推也来不及完成。旁边的裁判开口了：“你还是一个一个来吧。”他早已看出我是只菜鸟。于是每举一次杠铃前，我都要大喘三口气，将杠铃高翻上肩，再重复一次那令人欲仙欲死的火箭推动作。当我一次又一次向做完一轮的目标靠近，感觉身体的能量慢慢被掏空，每一下动作都在逼近我身体的极限。如此费尽九牛二虎之力，我终于撑过了第一轮。此时我感到汗水流进眼中引起的强烈刺痛，如风箱一般喘着粗气。周围的人群很快发现我的停顿，开始扯着嗓子向我吼“快去拿壶铃！”我开始做第二轮。

在第二轮做火箭推的时候，我仍旧是一个一个地做。有个摄影师正好站在东侧大门和我之间给比赛拍照。当时我累得连死的心都有了，但一直有个念头要在临死前砸了他那台照相机。我发出的哀吼已经越来越销魂了，变得高亢尖锐，但不这么叫我根本无法发力。终于又熬过了一轮，计时器显示离规定时间只有四分钟了。

CrossFit 运动的真谛如此，无论它的社群精神如何精彩感人，最终还是落实到每个人自我挑战和突破，用不着攀比，你唯一的对手就是你自己。

外界如何评说皆是浮云，你自己开心就好。CrossFit 如此博大精深，提供海量内容让你完善自我，比如动作技巧、基础练习、代谢训练、体能、妹子系体能训练、英雄系体能训练，这里每个内容都记录了你个人的最好成绩，每项纪录都等待你来超越，突破自己的极限。在这次竞摔里，我就得到了这样的机会。我几乎肯定自己是排名最后的垫底，但那又如何。我的目标是在规定时间里完成比赛，得到有效成绩。

不过进展到第三轮，我的体力几近油灯枯竭。甩壶铃我只能做十个歇一口气这样坚持。每次甩到第十下，我的表情异常痛苦扭曲（这些都有照片为证），同时发出凄厉的惨叫。立卧撑跳是我唯一能拿得出手的动作，我必须告诫自己一刻也不要停下来。当我完成前两个动作，来到杠铃前准备开始最后一组火箭推时，时间只剩一分钟了。举第一个火箭推，杠铃刚过肩三英寸我就脱力了，于是杠铃“哐当”一声无情地摔在我面前。我继续努力尝试，终于成功了一次。时间正好走完，我四肢无力，瘫软在地。

当时的心情犹如死里逃生，终于都结束了，我还活着！

极乐园的吐焰者

第三项比赛的最后一批选手，都是积分榜排名靠前的精英运动员。我走到二楼的平台看他们比赛。果不其然，我们极乐园馆的精英们，那些吐焰者，在这次竞摔中光彩夺目，成绩斐然。其中一位明星戴夫·班内特，他就在最后一批参赛选手中，很有机会赢得男子个人冠军。我要看看高手是如何来完成把我折磨得生不如死的第三项比赛的。极乐园两位教头艾斯特拉达和张就在他身旁不远处，不停地向他嘶吼，因为戴夫要是赢了这个项目，就可以赢得整个比赛。我看着他状态神勇的做着三轮壶铃前摆、立卧撑跳和火箭推，所有的劳累、疼痛和心肺煎熬仿佛都难以阻挡他的高昂斗志，戴夫正全力以赴，已视身体痛苦为无物。艾斯特拉达和张一刻不停地向他喊话，时而威胁，时而鼓励，时而又发出各种指令。要是戴夫偶尔丢下杠铃喘口气，他俩立刻大声喊叫：“戴夫，快把那该死的杠铃捡起来。”

在这样的场合里，其他馆的教练们也在向各自的吐焰者们喊着同样的内容。

自己拼死拼活熬过第三项比赛后再来看班内特做同样的内容，简直太伤自尊了。他的身体仿佛储存了用之不竭的能量，不知疲倦地完成每一个动作。他终于推起了最后一个火箭推，大局已定，他成为全场最终的胜利者。戴夫将杠狠狠地摔在地上，踉跄几步瘫倒在地。即便是如此强人做完这个项目也只剩大口喘气的份了。

班内特原来在空军部队服役，曾在韩国和阿富汗等国驻防。他在韩国的时候初次见识了 CrossFit，退役后几个月就来极乐园馆训练。我就是在馆里认识他的，还在 2011 年秋天对他进行过访谈。当目睹他夺得了最后的胜利，躺倒在地时，我和其他极乐园馆的会员一样都深深为他感到骄傲。

在我们的那次访谈里，他告诉我为何会沉迷这项运动。“是 CrossFit 找到了我。”班内特告诉我。“我一直认为自己非常强壮，直到我碰到汤姆 · 莫里森（Tom Morrison），他当时 39 岁，是空军特种部队的。我第一次见到他时，Tom 正在训练。他的举重杠铃重量是我最好成绩的十倍，将杠铃从地面举过头顶，随后跑一个 400 米冲刺，如此循环了四轮。”班内特看得目瞪口呆，心想，“这家伙是何方神圣？他练的是啥玩意？老子也要这样练，去哪里可以训练？”

“当时我觉得这运动太酷了，其他体能训练和它相比都是不值一提，”班内特说到。于是他跟着莫里森在韩国训练了几个月的

CrossFit，后来就被换防了。下一个驻地是科罗拉多，在那里他认识了一个名叫马特·海斯卡克（Matt Hathcock）的私教教练，马特是百利（Bally）健身房的教练，同时取得过 CrossFit 认证教练资格证书。后来海斯卡克自己在科罗拉多的恩格尔伍德（Englewood）开了个 CrossFit 健身馆，名叫坚不可摧。“那里原来是个脏兮兮的车库，采光也不好，以前是家小出租车公司，”班内特回忆到，“我们硬生生把那个地方变成了 CrossFit 训练的天堂。”

戴夫身高 5 英尺 10 英寸，体重 175 磅。他的 CrossFit 很多体能训练的最好成绩相当不错，『弗兰』3 分 19 秒，引体向上最多次数 57 个，硬拉 410 磅，挺举 218 磅。他不仅精通 CrossFit 的各类动作和训练项目，与其他吐焰者一样，还具备了超高的忍耐力，能够承受高强度的训练和身体的痛苦。我经常看到他下班后就直接西装领带皮鞋跑来馆里。进来第一件事不是换训练装备，而是走到黑板前查看当天的训练内容。同时他也会仔细看下当天前面上课会员完成体能训练的成绩，艾斯特拉达教练会将每个会员完成的重量、时间或次数都一一写在黑板上。

在同一个 CrossFit 健身馆，差不多体能水平的会员之间会有意无意地形成互相比拼的对手。弗拉基米尔·萨帕索杰维克（Vladimir Sapasojevic）在极乐园就是班内特的对手兼好友。这个异常强壮的家伙一般都上早上六点的早课。“弗拉基米尔简直是头不知疲倦、不知痛苦的牲口。”艾斯特拉达曾经如此评价他。班内特每次都会特意留意一下弗拉基米尔的成绩，然后以此为目标在上课的体能训练不断自我激励，如此才能跟上这头牲口的脚步。在这次竞摔里，班内特完赛后累得躺倒在地，大口大口喘着粗气。另外一个极乐园会员卡拉・瓦格纳（Karla Wagner）发觉旁边还有人在做壶铃摇摆，万一戴夫被壶铃砸到可不是闹着玩的，于是把他拖到场地一边。

瓦格纳也是极乐园的吐焰者之一，是那次竞摔的女子组个人第一。像其他 CrossFit 运动员一样，她经常太专注于馆里的训练导致时常忘记馆外的生活。她的正式工作是加州大学圣迭戈分校调研公共卫生健康的研究员。经常要去红灯区进行实地数据收集和访谈，与性工作者和瘾君子们交流以建立与艾滋病相关性的数据模型。我经常搞不懂到底是她在 CrossFit 中磨练的坚毅韧性让她可以胜任这份工作，还是她工作本身的艰难磨练使她成为馆里的吐焰者精英。无论是何种情况，她都能够坦然面对。

瓦格纳有着一头短发和碧蓝的双眼，身材如钢条般笔直有力。她的双肩手臂和大腿令人印象深刻，行家一看就明白她是个 CrossFit 训练多年且颇有成就的女孩，这种样子的 CrossFit 女运动员块头都不算很大，但肌肉发达，充满爆发力。她每天都来馆里训练，平时话不多，安静、低调而勤勉。与很多人不同，她很少在训练时大叫大嚷鼓励身边的伙伴，但她一旦发声，一定是在性命攸关的关键时刻，比如有人在试举打破最大重量纪录的时候。她对别人的激励简洁明确，艾斯特拉达评论她：“瓦格纳是个说话气场很强能够镇得住别人的高手，每当她告诉你一定行，一定不要放弃，说话往往比教练还管用，作用比啦啦队强多了。”其他 CrossFit 训练者很看重卡拉的指导，她适时的鼓励往往是他们能否打破个人纪录的成败关键。像班内特和瓦格纳这样的吐焰者，正是 CrossFit 试图在每个馆内构建的内部领导力的典范代表人物。

他们这种级别的运动员同时会详细记录自己的每一项成绩，每天都会写训练笔记以便追踪自己的运动表现变化。无论是进步还是不足都会白纸黑字写在笔记里。班内特用 Excel 表格的形式将自己做过的每个运动单元都记录下来，而且还定期给自己设定目标。在我俩的访谈中，他给了我两个表格，分别是他当时设定的短期目标和长期目标。

短期目标是：

参加全球大赛的团队比赛项目

提高力量：深蹲达到 315 磅，硬拉 415 磅，挺举 235 磅，过头深蹲 205 磅

身体灵活性训练（瑜伽、普拉提等）

每逢周六去其他馆多交流

取得一级训练师教练资格，并尝试执教

保持健康

在 2012 年地区赛里全力以赴

长期目标是：

保持健康

鼓励更多的人用 CrossFit 健身（朋友、家人）

参加更多 CrossFit 赛事的志愿者活动

一辈子 CrossFit

后来几个月我一直看着班内特在馆里训练的表现，他所设定的目标都被一一实现。

吐焰者的与众不同

要成为一个吐焰者，就必须熟练掌握 CrossFit 的所有动作和技术，这是一个难度超乎常人的苛刻要求。你不仅要做出利用强大核心力控制的体操动作，还要擅长奥林匹克举重和力量举，同时在耐力运动领域也不能太差，比如跑步、划船等。因为 CrossFit 讲求的是“不断变化”，只有如此才能达到训练效果最大化。所以为了提高效率，同时也为了挑战自己的极限，想成为吐焰者的 CrossFit 运动员必须全面提高各项技能，不能有任何短板。最薄弱的地方往往就是最需要训练提高的项目。CrossFit. com 官网在每天的日常训练单元经常会发布一些出人意料的训练项目。比如说某一天的一个训练单元里有 25 米潜泳（显然大多数的馆都没这个硬件条件，所以允许进行改编，用其他项目代替）。2011 年的全球总决赛，里面有一个比赛项目是比谁能把一个棒球投掷最远。随时准备应对“未知和不可测”的项目是 CrossFit 总体项目训练的基本理念。

正因为有这么多五花八门不可预测的训练项目，作为每个馆里的运动精英，吐焰者必须在每天的正式课前或课后继续练形形色色的技术动作。他们往往来的比别人早，走的比大家晚。据我观察班内特和瓦格纳就一直如此。课前大多数人会做一些轻度拉伸或用泡沫轴按摩背部，而这两人会卖力得多。他们或者用 GHD（glute hamdeveloper，又称罗马椅）练习背部伸展，或者用吊环练习双臂屈伸或双力臂。在热身中，班内特会针对自己的弱项不断进行练习提高，在训练中被发现的弱点在圈子里称为“痒点”，凯利·斯塔雷特也称其为“运动蛀洞”。斯塔雷特认为，CrossFit 运动员训练的主要目的之一就是找出这些蛀洞。“CrossFit 健身馆就像一个实验室，我们在这个一切可控并安全的环境中训练。在这里我们可以找出影响自己提高、进步的运动蛀洞。”

能够坦然面对自己的弱点、不惧挑战迎难而上，正是吐焰者异于常人的宝贵品质。

好几次我看到班内特在加强训练自己的“痒点”，一个叫做“手枪蹲”的动作。这是一个体操动作，就是单腿深蹲，需要很好的平衡能力，力量和关节灵活性。每一次班内特在体能训练里碰到这个动作都会犯愁，所以经常在热身时加强练习这个动作。一般人如果“手枪蹲”做得特别差的话就会放弃认输。祈祷下次训练单元里再也不会出现这个动作。理性的人都会觉得为这么个不经常出现的动作花大把的时间练习有点得不偿失。万一有一天又要做“手枪蹲”的话，他们往往会跳过这个动作用别的替代。由于 CrossFit 的体能训练包含了五花八门的各种动作，出现一两个无法驾驭的“痒点”是很正常的事。但班内特不这么认为，为了达到完美他会把单腿深蹲练习融入到每天的训练内容中。

当我和他谈到这个话题时，他耸耸肩说：“这没什么大不了的，我每次碰到自己搞不定的动作都会加强练习，将其纳入自己的热身内容。”说实话我每次碰到像他这样心志坚定，为了实现自己的目标义无反顾、勇往直前的吐焰者，都有自惭之感，觉得自己和他们相比还是太偷懒。但我从心底里钦佩这种勇气和坚强意志，戴夫·班内特绝对是我训练的楷模。

每次上课结束，瓦格纳和班内特都会继续练习一些动作技巧。我多次看到他们俩在吊环上练习双力臂动作。双力臂在 CrossFit 运动里是大多数人的“痒点”，甚至被看作“菜鸟”和“老鸟”的分水岭，只有掌握了这个动作才能算正式走向专业领域。

瓦格纳和班内特不仅训练非常勤奋，每次还能保证高强度、高质量完成，有时周末他们会去参加一些例如“竞摔”之类的比赛。每周日早上极乐园馆开设的精英级训练课他们也是常客。这种课持续 90 分钟，通常需要掌握高级动作技术和很好的体能才能参加。他们虽然会日复一日维持高强度的刻苦训练，但同样也会安排完整合理的休息时间表。我见过很多 CrossFit 爱好者训练安排都是随性而为，是否安排训练课依当天的心情而定，全然不顾当时的身体状态，也不合理安排休息日。学会休息同样也是吐焰者们超乎常人的一项自律自控能力。

“我很注意倾听自己身体发出的信号，”班内特如此对我说。当时我们刚做完一个很虐的体能训练单元。“现在我知道自己已经折腾得差不多了，明天得好好休息下。如果感觉还不好的话甚至要歇两三天。”

瓦格纳同时也很重视训练的恢复和休息。每周三晚我会和她一起参加极乐园 CrossFit 训练课之后的瑜伽课。我发现在瑜伽课上她会尝试换换风格，把 CrossFit 训练中那股死磕的劲头彻底丢到九霄云外。有一次刚上完一节 CrossFit 训练课，因为有超大重量的举重训练和非常虐的体能训练，她已经被折腾得死去活来。在随后的瑜伽课上，有一个高难度的体位动作瓦格纳一开始很难适应。瑜伽教练注意到她的情况问她是否还行，她说："我只希望自己的动作不要显得过于暴力。"瓦格纳觉得瑜伽课对于自己的 CrossFit 训练非常重要，只有在那一个小时里她才能够彻底放松，尽量消除训练的目标紧迫感和身体的紧张情绪。

即便如此注意休息和恢复，但随着训练时间增加，吐焰者的小伤小病也是难免的。最常见的伤是手掌磨破或皮肤撕裂。班内特和瓦格纳对自己的双手特别爱护，训练前都要花时间将手上的老茧打磨削平，还要在易受伤的部位缠上绷带。在做引体向上时，手掌的皮肤或老茧很容易磨破，甚至整块撕扯下来。在 CrossFit.com 官网上，我曾经看到个视频，里面有个维京海盗打扮的兄弟狂笑着将手上训练造成的老茧一整条撕下来。在 CrossFit 圈子里，饱受摧残而鲜血淋漓的双手实在太普遍了，老茧往往被视为长期刻苦训练所赢得的荣誉勋章。我开始 CrossFit 训练的前几个月，手慢慢适应了如此强度的训练。曾经也把老茧整个掀掉，然后不得不自己止痛包扎疗伤。说实话我一点都不怕这种皮肤撕裂伤，甚至还将其化为我坚持训练的动力。

引体向上确实很伤手，其他伤手的动作还包括了壶铃摇摆、奥林匹克举重、脚触杠、吊环等。在类似 CrossFit 全球总决赛的赛场上，选手们一天有两三个比赛项目，并且持续三天，手部的保养就显得尤其重要。在极乐园健身馆，我就经常见到艾斯特拉达教练在打磨他手上的老茧，他本人也是个吐焰者精英，身材壮得犹如全美橄榄球联盟的外线后卫。班内特会用砂纸来磨平手上的老茧后用护手霜和润滑油保养自己的双手。

适应“被羞辱”的感觉

戴夫·班内特愿意每天都针对自己的“痒点”进行训练；艾琳·梅西亚决定迈出第一步踏进 CrossFit 健身馆；我自己第一天在 CrossFit 馆里上的第一堂课只能做一个过头深蹲，明白自己的基础有多么差。所有这一切，都告诉了我同一件事：

> 要深入地掌握 CrossFit 运动的精髓，你必须适应那种“被羞辱”的感觉，学会承认自己的缺点。

在不断加大训练强度，学会更多动作技巧的过程中，你会意识到如果没有这样的态度将很难取得进步。直面自己的缺陷，坦然地接受挫折和失败，比如平静看待刚开始训练时老是排名在最后几位。在这次极乐园的竞择中，我查了下最终排名，在所有做标准动作非降阶选手中，我竟然是最后一名。

我从小打篮球和橄榄球，还练过田径，长大成为一名马拉松好手，铁人三项成绩也不差。我敢打赌，CrossFit 竞摔会是唯一一种我明知可能会最后一名也要参加的体育比赛。有时候难免要习惯如此郁闷的挫折感，要说谁会对比赛排名全不在乎，那肯定是自欺欺人的说法。但这就是 CrossFit 的魅力，挫败只会激励好胜者更快地成长，从一名普通会员进化为一名吐焰者。虽然这次比赛我排名末尾，但它的刺激比任何鸡汤和鸡血都管用，我看着自己的分数，心里念着排名在我之上选手的名字，心里燃起卷土重来的渴望。尽管这次竞摔绝对不会是我最后一次排名末位，但我对下一次比赛的来临早已饥渴难耐。

在 2011 年 10 月的“男士健康”杂志上，有一篇关于 CrossFit 的报道。作者是格兰特・斯托达德（Grant Stoddard），描述了他尝试 CrossFit 训练并最后放弃的经历和感想。他认为自己不习惯这种老是有人拍训练照片和视频的另类健身运动，未免有作秀博眼球的嫌疑。他说得没错，CrossFit 健身者确实是 Facebook 和 YouTube 的重度用户，很喜欢在那里贴训练比赛照片和视频。但我也可以告诉他，不光是 CrossFit 健身者，跑者同样喜欢秀自己的比赛照片和光鲜亮丽的装备。这其中甚至包括了某些顶级跑者，比如肯尼亚的亨利・罗诺（Henry Rono），他曾经打破好几项世界纪录，也一样爱在 Facebook 上秀照片和视频。

所以我觉得这还不是斯托达德放弃 CrossFit 的主要原因。我发现他之所以练不下去，原因是其在报道里提到他在第一节训练课上体能单元的成绩竟然比女生们都差。我很清楚对于一个大男人来讲这是怎样一种体验，我也曾有相同的经历。第一次进 CrossFit 健身馆上课手足无措被羞辱了；竞摔排名垫底被羞辱了；高手们穿着负重马甲和我一起做体能训练速度还比我快，也把我羞辱了。我觉得这是再正常不过的事，每一个鼓起勇气踏入 CrossFit 健身馆的新人都有同样的感觉。几乎每个人初次进馆都会练成“基本上就是个废人了”，并且成绩垫底，但最让人挂不住面子的不是成绩垫底，而是自己垫底的成绩会清清楚楚写在白板上！

那么新人们对于这样的羞辱感一般有什么反应？这取决于每个人的性格。有的人就像斯托达德一样，试了几次课最终还是放弃了。有的人会坚持下去，然后不再去纠结白板上的成绩，他们在 CrossFit 社群里找到自己的位置和归属感，成功地融入其中。

还有些人，性格注定会在人类运动精华的激流中追波逐浪。他们对胜利的渴望超乎常人，对失败深恶痛绝。他们可能每天都会遭遇挫败感，但每天都会直面自己的缺陷进行针对训练。正因如此他们一天天在进步，缺陷慢慢被弥补，直至终有一天他们会发现自己已跻身吐焰者的行列。

第9章

我与『弗兰』的恩怨情仇

2011 年 11 月 18 日中午 11 点极乐园健身馆的午课，馆里只有我和教练艾斯特拉达两个人，还有 10 分钟课就要开始。今天的体能单元叫『丹尼』（Danny）：20 分钟里尽可能做多轮 30 个跳箱、20 个借力推和 30 个引体向上。这个单元是为了纪念奥克兰特别反应部队中士丹尼尔·萨凯（Daniel Sakai）。2009 年 3 月 21 日，他与同僚在追捕重案凶犯时不幸牺牲，年仅 35 岁。

我在划船机上开始热身，轻松节奏划 500 米拉伸自己的肩部、躯干和背部肌肉，划船机风轮旋转的声音此时听起来是如此悦耳。五分钟过去了，仍旧没有其他人来上课。此时我想起格拉斯曼创立 CrossFit 早期的时候，将一对一的私教训练课改成了小班形式。如此每节课的价格降低了，但他的收入反而增加不少。而且他还惊奇地发现，学员们在小班教学时明显比单独训练时积极活跃很多。他想了好久才找出其中的原因，大概是因为 CrossFit 训练本身的强度很大，把人练得喘成狗是常有的事。那么几个人一起的小班制，能够分散下教练的注意力，多多少少可以减轻自己的压力，比单独一个人在格拉斯曼注视下和自己死磕感觉好不少。

艾斯特拉达也是一名杰出的教练。他话不多，但字字珠玑，每次都能鼓动学员不遗余力地完成体能训练。CrossFit 圈子里不缺少超级激情特会打鸡血的运动员和教练，但艾斯特拉达不属于这样的类型。他信奉“少即是多”的理念，甚至“越少越好”。他铁面无私，坚毅果敢，喜怒不形于色，全局了然于胸。上课的时候，他一眼就能看出你是否倾尽全力，容不得有丝毫偷懒。就是这样一个身高一米九多的大汉，平常素喜交叉手臂站在角落看着会员训练。虽然没有转头，但双眼如鹰一样扫视过每一个角落，每个人的一举一动都逃不过他的如炬双目，然后得到他或鼓励或纠正的指令。上课的人数越多，他的语气越严厉。我经常听到他吼：“重心放在脚跟”；“膝盖向外打开”；“肘抬高”；“不要停，加快速度。”

艾斯特拉达说话声音不大，透着金属般的坚硬冷酷，但每逢看到有人偷懒，立刻会升高八个音阶。在那些经常把人虐得求生不得求死不能的心肺耐力单元常有人站着进来爬着出去，但艾斯特拉达依旧在角落目无表情地审视这一切，全无普通鸡血教练那种上窜下跳、大喊大叫的夸张反应。在极乐园馆里，最经典的一幕就是一群人东倒西歪地躺在地上大口喘气，高冷的艾斯特拉达教练酷酷地站在角落像个门卫一般叉着双臂注视着他们，目光里没有丝毫同情。

所以我想说的是，一群人在保罗・艾斯特拉达的冷峻目光逼视下尚且不敢有丝毫懈怠偷懒，那么如果只有我一个人上课的话压力有多大就可以想见了。好在我已经适应了他的执教风格，他尽情向我一个人吼吧，吐槽也罢加油也罢，我现在都承受得起。

时钟走到 11 点整，艾斯特拉达仍旧只有我一个学员。他看了下白板，考虑是否要换内容。因为只有我一个人，所以换不换都没什么大不了的。我察觉有什么重要的事要发生了，肾上腺素开始分泌，周身肌肉开始燃烧了起来，整个人进入临战状态。我听到外面集卡挂进二档的发动机轰鸣声，一把摘下头上的迪斯尼遮阳帽扔在一边，那种久违的“或战或逃”的忐忑紧张感令我心跳加速，热血喷张，呼吸也开始急促起来。

“今天做『弗兰』怎么样？想测试下吗？”艾斯特拉达问到。

“当然没问题，这提议不错！”

测试，再测

“测试，再测”在 CrossFit 体系里是一个很重要的手段。你如何来证明自己的饮食计划有效，如何体现整个健身训练体系可以达到理想的效果？能像医学界药品检测那样做双盲实验或交换审核？谁都知道那是不可能的事。如何来证明效果，CrossFit 给出的答案就是让你亲身来体验是否有效。测试，再测。

1. 测试：检验你目前的身体强健状况。
2. 然后在规定的数周内贯彻执行 CrossFit 的训练饮食计划。
3. 再次测试你的强壮程度。

所以那年的 11 月，我要测试下所谓综合全面训练体系是否真的有效，因为在 CrossFit 的世界观里认为要达到一个特定的健身目标，必须进行全方位的体能训练。你只要每天早上一睁开眼，定时去馆里，按白板上的内容训练，吃得好睡得香，保证充足的水分摄取，过一段这样的日子后再来测试身体的强健程度。

我在极乐园馆里已经练了 4 个月，知道不少人都是这样过来的，而且最后的结果也相当励志。比如某人的硬拉最好成绩在两个月后的测试里提高不少，尽管在这两个月中他很少做专项的硬拉力量训练。

这样的结果对我从小接受的专项运动训练理论简直是大相径庭。我一直被教育要在某项运动中达到专业水平，就必须进行针对性的专项训练。比如你要跑步跑得快，就得拼命多跑；如果你要提高卧推的成绩，就必须多花时间进行卧推训练；如果你想跳得高，那就得多进行跳高训练。而 CrossFit 竟然说你想提高哪项特定的运动单元成绩，就必须进行全方位的综合训练。

看来 CrossFit 体系也不是说啥都对的绝对真理，我当时觉得这一说法就是虚假广告。

准确来说，这个显得有点怪异的理论和 CrossFit 打造身体全面强健的最终目的相辅相成。我曾经和教练们讨论过这个问题，他们也承认如果你的目标就是要提高完成『弗兰』的成绩，那么每次训练单元只练火箭推和引体向上确实有助你缩短『弗兰』完成的时间。但你这样就是一个严重偏科的运动员，有些人尽管『弗兰』做得特别快，但其他方面运动能力会有所下降。另外一个极端的例子可以参照那些大跑量的极限马拉松选手，他们每天的训练内容只存马拉松跑，其他方面的运动能力严重退化（比如灵活性）。为了能够保持一定配速跑得更远，他们不惜牺牲其他与跑步无关的运动能力。

而 CrossFit 训练模式鼓励训练者设定特定的目标，然后通过全面提高自己各项运动基础来实现自己某一方面的设定目标。比如说，你本来是一周三次去馆里训练，但除了训练没有重视一些额外的健康手段比如营养摄入、灵活度拉伸训练和睡眠时间等。那么你要和教练讨论制定一个或多个强健身体的目标，通过提高自己的 CrossFit 整体训练水平来达到这些目标。一个初学者可以设定以下目标：

1. 降脂 5 磅。

2. 做起一个无助力的引体向上。

3. 500 米划船成绩提高 10 秒。

那么为了达成目标 1，你也许会问教练要一份饮食计划，要达成目标 2 和 3 你会想到多做相关的引体和划船训练。CrossFit 教练可不会随你所愿，他们往往会提供一个综合训练解决方案，并要求你比以前更加专注投入地进行训练。它可以是一个八周的训练计划，要求你一周去馆里训练四次。教练还对你的营养摄入设定各项指标参照（正如你所愿），还要求你有更多的睡眠时间（也许你没有想到这条）。你可以在每次课前热身环节将自己的目标动作多练练（比如练习引体向上），但你不会做具有针对性的训练单元，CrossFit 训练体系里根本没有这样的东西，有的就是每天五花八门从来不带重复的体能训练单元。

关于充足的睡眠时间这里要多说两句。我曾经就此问题询问过教练张，他是医学院科班出身，向我详细解释了为何充足的睡眠时间对于 CrossFit 训练有如此重要的影响。“我们大部分人都缺觉，缺少足够的睡眠，就无法从日常的紧张生活和高强度训练中完全恢复，还会使训练的效果大打折扣，导致进步缓慢。”除此之外，缺觉还会提高皮质醇分泌，从而降低人体的免疫力。而且，睡眠缺乏对甲状腺功能有抑制作用，从而降低新陈代谢，减少单位时间的热量消耗，不仅引起体内器官脂肪堆积，还会分解肌肉和结缔组织。

好吧，我姑且相信了他对于睡眠的说法，但非专项的综合训练真的有效果吗？我仍旧将信将疑。所以我想自己亲身体验下测试，再测这个方法，看看这个方法是否真如教练所说的那么神奇。

设定目标

教练艾斯特拉达和张在浩如烟海的 CrossFit 运动体系中为我制定了两个目标：缩短『弗兰』的完成时间和提高硬拉的最大重量。这两个目标既牵涉时间维度的衡量标准，也需要多种的身体素质能力结合。也就是说，我要同时提高两种截然不同的运动能力，一种时间非常短（一次硬拉的最大重量），还有一种耗时相对长一点（加快做『弗兰』的时间）。

『弗兰』可能是 CrossFit 训练里最让人闻风丧胆的训练单元之一，它不仅需要足够的力量和爆发力，对于肌耐力、协调性、柔韧性都有不低的门槛。而且因为它会令你身体极度不适，甚至作呕，所以运动员还要具备强大的心理承受能力。而硬拉，则纯粹是绝对力量的指标之一。设想如果在野外你的同伴被一棵倒下的大树压住不能脱身，你必须使尽全身力量将树抬起来救出同伴，那么硬拉这个动作就是凭借人力搬开大树的最有效方法。最大重量的一次硬拉虽然不会让身体产生呕吐的感觉，但全身的肌肉会绷紧充血，人体血压剧烈舒张收缩，使人站起来时感到头部一阵眩晕。当时我做完后足足过了二十几秒才缓过劲来。

做一个硬拉只要短短几秒钟，但这几秒钟里需要募集全身的力量参与。而『弗兰』恰恰相反，目前的世界级高手们一般在三分钟内完成，而初学者可能第一次会花上半小时才能做完。新手们往往力量不足，或者不懂技巧，无法做借力引体向上和火箭推这样的动作。这两个动作需要肩部和髋部有足够的力量、爆发力和很好的灵活性。借力引体向上和火箭推需要全身大肌肉群的参与，特别是髋部和肩部肌肉群，这样才能产生足够大的爆发力。这样的爆发力训练会消耗大量的身体能量，你完成如此高次数的借力引体向上和火箭推后，整个人体的呼吸系统感觉都快爆炸了。①

---

① 我曾经就此话题询问过一位田径教练，他也是运动生理学的专家。他给我讲了一个在运动生理学界很有名的故事，其中就牵涉到类似『弗兰』这样的高强度训练对身体的影响。虽然这个故事现在已难辨真伪，但仍旧值得参考。曾经有这样一名田径教练兼运动生理学家，在实验室给一名实习生年轻教练授课。他要那个年轻人先打来一大桶水，然后演示如何在训练中压榨运动员的体力，将他们逼到真正精疲力尽的地步。老教练将一只老鼠放进水里，看着它不停的游，不停的游，最后体力不支沉入水中。眼看可怜的老鼠就要淹死，老教练才拉着它的尾巴提出水面。他指着浑身打颤湿漉漉的老鼠对年轻教练说到："这才算是精疲力尽。"这个例子说明，刚开始练 CrossFit 几天，几周，甚至几年里，训练者完全可以超出自己原先心里料想的极限，提高自己身体不适和力竭的耐受度，从而达到自己从未预料的高度。如果你没有一种积极向上的心态去逼迫自己不断向前，那么你的进步就会很有限。

『弗兰』如此出名，就是因为它能量消耗巨大，几乎将你掏空，身体产生极度的不适感。

所以在 CrossFit 圈子里有句很经典的话“要爽赶紧约『弗兰』: 21-15-9”。它在会员 T 恤上、健身馆的墙上随处可见。

“那么你去把训练要用到的单杠和药球准备下吧。”艾斯特拉达教练对我说。药球的作用是测量我做火箭推时是否蹲到足够低。每次将杠铃举过头顶后必须下蹲，臀部触到药球才能再站起来，否则动作无效。挑选单杠的高度需要适合自己的身高，引体向上标准动作要求身体完全舒张打开，手臂伸直，上升时下巴过杠，落下时手肘伸直打开。

我们的计划是先测试做一个『弗兰』，经过十周的综合训练后再测试一次『弗兰』，比较两个单元完成时间是否有进步。硬拉也是如此，十周时间比较重量差异，我前几天进行了第一次测试，最大重量是 295 磅。

艾斯特拉达设好计时器，接下来我要完成的『弗兰』内容是 21 个火箭推，21 个引体向上，15 个火箭推，15 个引体向上，9 个火箭推，9 个引体向上。

当时我已经掌握了借力引体向上，所以这个部分可以做标准动作。最快的 CrossFit 运动员们喜欢蝶式引体向上动作，有点类似泳池里的蝶泳，这是最快的引体完成模式。我采用的是更常见的借力引体向上，利用核心肌群发力将身体尽量往上摆。你一旦掌握了这种发力模式，就能获得足够的动能完成多次数的引体向上。

另一方面，我的颈前蹲和肩部借力推的力量都不足，无法完成标准重量的火箭推 95 磅，艾斯特拉达让我减轻到 75 磅的杠铃来做火箭推。

“3,2,1, 开始 ,”艾斯特拉达一声令下，『 弗兰 』测试开始了。要达到高手的时间标准，运动员必须尽量连着做火箭推和引体向上，避免动作中断。比如说，21 个火箭推一定要一口气做完，不要先做 11 个停下来喘口气再做。而像我这样的菜鸟要中断好几次才能完成，特别是到了后期力竭的时候。虽然第一个循环的引体向上 21 个我分两次就能完成，到了第三个循环 9 次引体向上时，我几乎是做一个歇口气再做下一个才能完成。

艾斯特拉达尽力鼓励我一次完成两个引体向上，实在不行也要缩短每个引体向上之间的休息时间，可以一个一个间断地做，但不能休息太多时间。“快上杠！”他不断向我吼着。在最后阶段，我的体能几近枯竭，胸口急剧起伏，感觉有团火在肺里燃烧。握杠的艰苦程度已难于上青天。但同时，我也到了大脑缺氧的麻木阶段，脑子里只有一个念头就是尽快做完。最后我用了 8 分 20 秒的时间完成了第一次测试。初次邂逅，『 弗兰 』就狠狠给了我一个下马威，你以为一切都结束了，其实厉害的还在后面呢！做完『 弗兰 』要过一两分钟才是身体最难受的时刻，我双手撑膝、低头，双眼直勾勾地注视着地面，最后不得不坐倒在地，感觉自己彻底被掏空了。“苍天呐！”我长叹一声，永远记得她的名字叫『弗兰』。

十周的训练计划

正式的十周训练计划在首测的第二天开始。内容包括：在这十周里，一周去馆里训练 4 ~ 5 次，每次课前课后都要拉伸按摩进行肢体灵活度练习。还有喝大量水，吃优质食物，每晚保证八小时充足睡眠。一周 4 ~ 5 次的训练课符合 CrossFit 训练周期的标准，理想的训练安排应该是练三休一或练五休二。培训总监戴夫・卡斯特罗（Dave Castro）认为这是基本的训练原则，但作为运动员而言一定要牢记“一成不变是 CrossFit 大忌”，所以无论你的计划如何安排，最好掺着花样变着法来，不断变化你的训练安排日程。所以除了常见的练三休一和练五休二，你还要有一段时间连着休息三天，或者偶尔连续训练四天，使你的身体永远猜不到你的规律。CrossFit 顶尖运动员们的训练计划极其勤奋投入，且身体耐受程度极高。比如说林赛・史密斯，她来自俄亥俄州的哥伦布斯，是世界级的 CrossFit 女子运动员。她经常一天要做两个训练单元。而且两节训练课之间基本不会好好休息。她已为人妻，为人母，职业是教师，周末还要在各地跑来跑去担任认证教练的培训讲师。当我问起她如何安排每天的第二次训练课时，她承认有时要把女儿哄睡着后很晚才能开始训练。

“我也没办法，”她说，生活就是如此，她无奈地耸耸肩，“别去多想，做就是了。”

对我而言，一周上四次课已经是身体所能承受的极限了。有时根据原定的计划我会一周去馆里五次，但发现每周最后一次的训练效果并不好，身体已经厌倦如此高强度的训练，体能单元堪称折磨，变得毫无乐趣可言。有一次我连着五天去馆里，最后一天的训练内容包括大重量杠铃高翻的体能单元，这恰恰是我的痒点。我们三个人一组，一人进行高翻时另两名队员可以休息。我的队友们看到我做举重时异常挣扎，全竭力为我加油打气。而我却不争气地让杠掉下来重重摔在地上。整个团队的士气因为我而一落千丈。于是我终于决定停止一连五天训练的安排，因为最后一天的训练身体过于疲劳，如此下去有害无益。

审判日

1 月 30 日周一，是我再次测试『弗兰』的日子。

随着日子的临近，我逐渐变得紧张起来。我担心自己原先的判断是对的，自己的成绩会比第一次做得还差。因为我这段时间根本没有针对测试进行专项训练，只有一次训练单元里练到火箭推这个动作。所以我没法相信自己能够在做『弗兰』时火箭推会有明显进步。同样我对于引体向上和硬拉心里也没底，因为我很少训练这两个动作，而十周的时间一眨眼就过去了，我就要再次测试『弗兰』这个单元，运气好的话也就是勉强完成罢了。所以随着审判日的来临我担心自己要让教练们失望了。

另一个担心就是我心里清楚『弗兰』的残暴程度，虽然我很想尽力缩短完成『弗兰』的时间，但时间短、强度高，完成这个单元真的会让你刻骨铭心。

我询问那位吐焰者创始人格雷格·阿蒙森，他练习 CrossFit 有十多年了，我问他做过几次『弗兰』。“一百多次吧。”他告诉我，在 CrossFit 兴起的早期阶段，他和格拉斯曼周游全美进行认证教练的培训，传播 CrossFit 训练体系的相关理论。那个时候他在培训课开始的前一夜往往紧张得难以入睡。因为培训期间必不可少要做『弗兰』作为演示训练单元。早期的教练培训班时间安排没有现在那么紧密，所以他不知道什么时候会做『弗兰』。“知道肯定躲不过，但不知道什么时候就要来。可能是早上做，也许是午饭后，甚至中午吃饭时做。我彻底被弄懵了。”在 CrossFit. com 官网有一段视频资料，格拉斯曼在里面谈论在将要做『弗兰』前对运动员的心理压力不比这个单元对身体本身的冲击小多少。他看到即便是精英运动员，也会因为对『弗兰』惶恐不安而未战先怯。

阿蒙森为了摆脱这种训练之前的紧张心态，逐渐磨练出一种“及时行乐，率性而为”的心态。世界上只有两种事，一种是“关你啥事？”一种是“关我啥事”。一种自己可控，一种自己怎么掺和都没辙。阿蒙森觉得自己只要做好当下，将来的事去操心也是白费功夫。如此想来，啥时候要去做『弗兰』也就没什么大不了了。徒劳的紧张焦虑反而影响必要的休息放松，无助水平的提高。想通了这一点，阿蒙森后来成为 CrossFit 圈子里“目标为先”的心灵鸡汤大师，经常去全美各家馆开设讲座培训班，除了 CrossFit 训练知识，训练中的心态调整也是讲座的主要内容。

随着再测的日子临近，我决定采用阿蒙森教给我的方法调整自己的心态。离最终审判日只有一周时间了，艾斯特拉达也稍稍打破常规，将『弗兰』所涉及的动作编排到我的日常训练中。“周一的训练课你一定要来哦！”他说到。

周一我的训练内容是：

力量训练

大箭推：3 次 ×3 组

体能训练『弗兰』

计时完成

21–15–9 次

大箭（重量男子 95 磅 / 女子 65 磅）

引体向上

对常人而言『弗兰』做进 4 分钟已经很了不起了，如果你能做进 3 分钟，那简直牛得没朋友。截至目前，2011 年全球总决赛冠军里奇・弗朗宁做『弗兰』的个人最好成绩是 2 分 17 秒。2011 年的女子冠军克里斯坦・克莱弗（Kristan Clever）的最好成绩是 2 分 49 秒。来自犹他州帕克市的克里斯・斯皮勒，他曾经的引体向上成绩是逆天的连续不断的 106 个，做『弗兰』的个人最好成绩是 2 分 6 秒。

而『弗兰』的最快纪录，是詹森・卡普兰（Jason Kaplan）在新泽西 CrossFit Montclair 馆创造的 1 分 53 秒。他那次做『弗兰』的视频于 2009 年 5 月发布在 YouTube 上，顿时成为史上点击率最高的『弗兰』单元视频。画面开始是 CrossFit 馆的一角，卡普兰穿着长袖黑色 T 恤和宽大的灰色短裤出现在镜头里，戴着一副很酷的墨镜，一边还放着一个计时器。开始后卡普兰的动作效率堪称完美，举起 95 磅的杠铃做火箭推如同空杠般轻松自如。看起来他对这个单元经过了精心准备，一点时间都不浪费。在即将完成一组火箭推时，最后一个火箭推他直接将杠铃举过头顶，随即抛杠。还未等杠铃下落，他马上后退两步，正好处于单杠下方，杠所置高度与其身高非常匹配，他于是立即摆动开始蝶式引体向上，双腿离地面仅一英寸的距离。做完第一组 21 个火箭推和 21 个引体向上，卡普兰只用了 48 秒；做完第二组 15 个火箭推和 15 个引体向上，他仅用 1 分 28 秒；最后做完整个单元的时间是 1 分 53 秒。此时馆里其他会员纷纷涌入镜头向这位瘫倒在地的逆天大神祝贺。而卡普兰此时大吼到："结束了，一切都结束了，老子再也不做了！"

完成 15 个引体向上后，终于有了一种"曙光就在前方"的希望。

严格执行计划

我打电话给阿蒙森，想让他对我的第二次『弗兰』测试给点建议。他告诉我要注意两件事。第一是摆放训练器材的位置：时间宝贵，尽量把单杠和杠铃放在足够近的合理位置，免得浪费时间两头跑。第二是事先计划停顿的节奏。比如 21 个火箭推，可以计划好先做 11 个，歇口气再做 10 个。然后算好休息的呼吸次数，随后开始引体向上。“即便你当时自我感觉特别好，也不要改变事先制定的计划而试图一口气完成整组动作，”他说到。“严格执行你原先的计划。”

虽然在那十周里我没有特别训练过火箭推和引体向上，但我感觉自己至少有两点进步。第一是借力引体向上的技术熟练很多。有一次体能单元训练，我忽然发现自己能够用身体的甩动产生动能惯性将自己推上杠，姿势比以前好看得多，与标准的借力引体向上动作已经很接近了。另外一点就是十周里唯一那次火箭推训练，艾斯特拉达教了我一些非常有用的小窍门，比如利用动能惯性来加快速度。他告诉我一旦举杠、过头、锁肘完成整个动作后，此时要迅速下蹲，利用杠铃的自重下落，而不是控制杠铃下落导致消耗额外的能量。我还领悟了如何利用髋部后侧链发力将杠铃上推。初学者往往更多利用手臂的力量将杠铃举过头顶。而手臂肌肉相比后侧链核心肌群小很多，所以很快就会疲劳，从而导致整个训练单元的体力枯竭。

那么『弗兰』终于要来了。中午 11 点 44 分，完成了力量训练部分内连续三次最大重量的火箭推，体能单元马上要开始了。艾斯特拉达教练和我一起来做『弗兰』，我们准备好各自的场地和器械。平常艾斯特拉达无论是上课还是训练都不苟言笑，但这时他却破天荒的面带笑意说：“会很虐哦。”他这温柔一笑，却令我不寒而栗。

计时开始，我们俩一起启动。我仍旧用的是 75 磅重量，和第一次测试重量相同，其实这次仍旧是『弗兰』的降阶版。不过张和我说过，重量轻点其实占不到什么便宜。“你的速度会快点，休息少一点，意味着强度甚至比你用 95 磅慢慢做还要大很多。”

我用新学到的技巧让杠铃靠自身重力下落，迅速下蹲将其接住置于肩处，第一组 21 个火箭推就这样熬过去了。引体向上我分两次完成，第一次做 11 个，下杠呼吸三次，然后继续做剩下的 10 个。当开始第二组 15 个火箭推的时候，我变得呼吸急促、心跳加速。这种身体不适感很古怪，集中在胸腹部，仿佛内脏器官开始翻江倒海一样，呕吐的先兆出现了。这时必须全凭一口气不管不顾地做完它，各种身体不适、肌肉酸痛早已浑然不觉。那些 CrossFit 的精英选手：阿蒙森、卡普兰、斯皮勒、坂本，还有其他所有『弗兰』三分以内的高手，在最后阶段会全力冲刺一口气也不歇。而我显然没到他们这个水平，最后 6 个引体向上我只能一个一个地做。抓杠挺身做一个，跳下地，随后尽快上杠去完成下一个。

最后两组的火箭推我也是断断续续完成的。但我记住了阿蒙森和艾斯特拉达的忠告，每次休息都控制呼吸次数，减短休息时间。艾斯特拉达的速度明显比我快很多，他的『弗兰』最好成绩是 3 分 1 秒。他曾告诉学员，做『弗兰』一定要尽量减少每次休息的时间。我拼死拼活地完成了这个单元，颓然倒地不起。一阵剧烈的疲劳感袭来，令我难受得想吐。但看到我的成绩，身体的不适顿时舒缓了不少。

2011 年 11 月 8 日，我第一次测试『弗兰』的成绩是 8 分 20 秒。

我的目标很保守，觉得再次测试能够在 8 分以内就不错了。而 10 周后的 1 月 30 日，我的成绩是 5 分 27 秒，几乎提高了 3 分钟，这令我喜出望外，才过了短短十个星期呀！回想一年前，我刚来这里时一瘸一拐，满身是伤的样子。我必须承认，CrossFit 训练这种抛弃专项的全面强健理念确实管用。

在同一周，我也再次测试了自己的最大硬拉重量。第一次测试我的成绩是 295 磅，这一次我穿着举重鞋，握着杠铃感到信心爆棚，最后我拉起了 315 磅，自己有生以来的硬拉最好成绩。

我发现这就是 CrossFit 运动的魅力，让你掉坑里还乐此不疲。不断设定自己的体能运动目标，经过努力达到预设的目标。不断解锁新的技能和动作，创造自己的最好成绩，使力量和耐力得到提升，身体减重脂肪减少，甚至第一次做起一个引体向上或者第一次做标准的训练单元而不用做降阶版。这一切都会令你产生巨大的成就感和满足的喜悦，令你欲罢不能，陶醉其中。

后记

CrossFit 的未来展望

2012 年 5 月初，我回衣阿华州的锡达拉皮兹市（Cedar Rapids）探亲，顺便造访了当地的 Cedar Rapids CrossFit 健身馆。这家馆规模不大，坐落在镇子东北面一座影城附近。我和馆里的教练贾斯汀·莱温斯基（Justin Lowinski）聊了起来，问他这里的经营状况怎么样。“非常不错，”他答到，“一年前我刚来这里做教练的时候人数最多的训练课也就五六个人，现在我们每节课有 20 多人了。”莱温斯基还说他们正打算六月份再开一家馆，以满足当地 CrossFit 会员的需求。

同年 4 月，我也和 T.J. 贝尔格聊过相同的话题。他是四家 CrossFit 健身馆的合伙人之一，都分布在加州的马林（Marin）地区。在接触 CrossFit 之前，贝尔格有一家私人健身工作室，但当时已经快撑不下去了。现在他的 CrossFit 健身馆扩张到四家，个个生意都挺不错。唯一头疼的事情是无法满足日益增长的会员人数需求。“我们现在的会员人数已经上千了，”他对我说。“每节课都是人满为患。”

从会员人数来说，我待过的圣迭戈 CrossFit 极乐园健身馆是另一个对 CrossFit 需求快速增长的例子。我 2011 年 7 月到那里时仅有 50 个会员，后来这个馆搬地方了，因为会员增长迅速场地实在不够。

我加入 6 个月后，会员人数就翻倍了。会员们的朋友惊叹于其身材的变化，然后都被吸引到极乐园体验 CrossFit 训练方式。有的人对这种高强度训练并不感兴趣，自然而然就不会再来了；而有的人，上了第一堂课就此上瘾，难以自拔，完美地融入了 CrossFit 极乐园这个社群大家庭。

CrossFit 官网有一段视频资料，是在马萨诸塞州大天空城举办的多家认证健身馆参与的座谈会。视频中格拉斯曼的发言无意中透露了 CrossFit 健身馆的生意有多火爆。“我们这次活动因为场地有限，年收入一百万美元的馆都不一定能来，”他说。“我们只能优先召集那些月收入十万美元以上的馆。”

CrossFit 健身运动仍在继续高速发展，即便它一直在直面现实，坦率地承认 CrossFit 并不适合所有人。我看到太多这样的例子，很多人满怀好奇心和热情来馆里体验，然后就没有然后了。有些人天生不喜欢这种社群交往的形式，有些人已经习惯了冥想状态下一成不变的跑步、骑车，甚至瑜伽的放松状态，还有人喜欢更多的户外运动而不是老呆在馆里。在一个多元化的自由世界，这一切都可以理解，参差多态才是幸福的本源。

唯一幸事是随着 CrossFit 日渐盛行，对其一见倾心的拥趸者越来越多。随着这项运动的日渐盛行，难免会出现各种各样的新变化。有一些新的发展方向逐渐浮出水面。

比如说商业体育巨头开始进军这个运动领域；运动人群的总体年龄职业收入分布对 CrossFit 产生的影响；松散的场馆认证体系如何约束某些玩过界、太出格的健身馆。还有 CrossFit 运动随着时间推移是否会被商业利益收买，不再特立独行说真话，甚至随着会员规模不断壮大，它原本秉持的一些原则和精神是否会不断消解、妥协？

2012 年 4 月 28 日，整个旧金山经过一周雨水的洗礼，难得迎来一个阳光明媚的周末早晨。我在 SFCF 健身馆室外空地训练，北面就是雄伟的金门大桥、马林岬和克里思场公园。不远处是一大块建筑工地，整齐排列着起重机和吊车，工人们正热火朝天地进行道尔高架路的拆迁工程，这条路原本连接金门大桥和旧金山市中区。挖掘机的轰鸣声、大马力发动机的咆哮声与馆里扩音喇叭的摇滚乐混杂交织在一起，令人热血喷张。我在馆外停车场空地上做俯卧撑跳，天气异常炎热，我早已汗流浃背，双手被滚烫的地面灼得生疼。这年的春天一直潮湿多雨、雾气沉沉，今天难得出太阳，很多人都跑到室外活动。

在开始训练课前，我望着那些建筑工人将高架桥一点点地拆除搬迁。教练安杰尔·奥罗斯科（Angel Orozco）也过来和我一起看着他们工作。他是旧金山当地人，穿着 SFCF 馆的连帽衫，戴着深色墨镜。他看到工人们攀上跳下忙碌着处理那些碎石乱瓦，兴奋地向我笑着说：“这就是我们练 CrossFit 的目的呀。”我很理解他这句话的含义。这个社会的很多行业动不动就讲感恩，讲“客户就是上帝”，四处以“舒适愉悦”的感官享受为招牌兜售自己的产品。但 CrossFit 和它们不一样，它只有唯一一条铁律：天道酬勤，付出才会有回报。

所以 CrossFit 根本没有什么商业机密或生意窍门。有一位格雷格·格拉斯曼第一批训练班的会员吉姆·贝克曾说过，格拉斯曼其实没有发明什么新东西。但他的天才之处是用有效的手段将人们聚拢起来进行高效的体能训练。这项运动的核心理念就是，通过团队成员互相激励，使每个人超越自我，付出足够的努力，承受痛苦，做出自我牺牲。这就是格拉斯曼开设的第一个健身馆圣克鲁兹 CrossFit 的建馆纲要。这些根本不需要运动医学杂志常用的“互相审核”那种传统研究方法来验证，大家就知道它一定靠谱管用，因为馆里的会员这样训练后变得越来越快，越来越强壮，越来越劲爆。运动能力的提高仅用一个计时器就可以说明一切，他们的体型也变得如同漫画里的超级英雄那样强壮。

CrossFit 骨子里的价值观推崇一分耕耘一分收获，简单直接不啰嗦，绝对不装大尾巴狼。它毫不掩饰自己对奢华高调健身会所的敌对态度，反对各种投机取巧的健身风气和温情脉脉的心灵鸡汤。这个世界总有那么一部分严肃纯粹的健身爱好者，他们看穿了各种浮华虚假的健身广告，对于各类做作浮浅地秀人鱼线、马甲线、蜜桃臀、A4 腰的健身照片嗤之以鼻，而 CrossFit 这项新兴的健身运动正成为他们互相联系，结识同好的纽带。

CrossFit 运动的魅力还来自带有某些非主流的地下神秘色彩，因此吸引了不少热衷此道的边缘文化人物。如今，虽然这项运动的社群不断壮大，但仍旧不脱其草根叛逆的本色，大部分人对于商业体育巨头的觊觎带有先天的怀疑和警惕。他们对于商业化的反感不无道理，整个美国社会几乎都被工业寡头们把持着。在 CrossFit 的爱好者人群中一直有这样的声音，他们担心这项运动随着飞速成长和日趋流行，最终会自我堕落。也许迟早有一天，某个唯利是图的体育大公司跑来不惜天价收购这个品牌，到时我们这些人会怎么想？在 2010 ~ 2011 年间，这个忧虑似乎一语成谶。CrossFit 总部和知名体育用品公司锐步签订了为期十年、价值数百万美元的赞助合同。这样的合作伙伴关系开始影响官网的舆论倾向，CrossFit 全球总决赛更名为锐步 CrossFit 总决赛。一直以来 CrossFit 健身馆秉持的够用就好，对器材、运动鞋和运动服装从不讲究的风气也开始变质。锐步开始向这些目标用户推广售价 48 美元的 T 恤和 28 美元的帽子。CrossFit.com 官网频频出现锐步产品和锐步签约运动员的视频，广告曝光率不断上升。

这一切令各个健身馆的社群舆论哗然，群情激愤。CrossFit 竟然将灵魂出卖给锐步这样一个商业魔鬼！这个靠卖运动鞋给踏板操和有氧运动训练者起家的门外汉竟然要鲸吞我们的 CrossFit 品牌！CrossFit 官网以后是否真的成为锐步的市场宣传工具，不断用广告洗脑将锐步运动用品强塞给会员们？一时间官网论坛上一片骂声。难道这就是 CrossFit 走向堕落的开始？

我曾采访过橙郡一名资深健身馆主，询问他对于锐步赞助合同的看法。“告诉你吧，如果总部要将我的馆名强加上‘锐步’，那天就是我和 CrossFit 一刀两断分手之日。”

根据锐步公司代表和 CrossFit 总部的说法，这位馆主说的事一定不会发生。然而锐步正大力开办自己认证的 CrossFit 健身馆，其品牌是‘Reebok CrossFit’健身馆。不过锐步的人说大部分这样的健身馆分布在美国以外地区，他们有计划在多个国家开设这个品牌旗下的 CrossFit 健身馆。锐步还宣布会向现在的 CrossFit 健身馆提供贷款，帮助他们改善场馆设施，条件是馆名要加上锐步的商标名。锐步公司的高层领导们花了一年时间熟悉 CrossFit 的运动文化背景，然后将其在员工中推广开来。2011 年 6 月，我造访了波士顿郊外的锐步公司总部和只对锐步员工开放的健身馆“CrossFit one”。在那里我参加的是午课，几乎满员，共有 30 名学员在一起训练。那里的设施器材都是一流的，不再有半点当年寒酸的车库健身房影子。整堂课上，共有三名教练督促指导学员完成整个训练。我还遇到了锐步 CrossFit 部门的一些代表，其中就包括了 53 岁的佩吉·贝克（Peggy baker）。她患有 II 型糖尿病，已经在锐步工作了 27 年。她之所以会去练 CrossFit，原先的目的是为了尝试后有更多的理由告诉她的下属们，她憎恨这项略显残酷的非人运动。然而第一堂课，她得到教练和其他学员们莫大的鼓励支持，令她根本无法继续拒绝下去。一直练到现在，她的体重下降了 33 磅，糖尿病也开始好转。我问她，对同样饱受糖尿病和肥胖问题困扰的病友们有什么想说的，她答：“如果我可以做到，你们没有什么不可以。”

可以板上钉钉的是 ESPN 体育台开始直播锐步 CrossFit 全球总决赛，这对于 CrossFit 普及产生推波助澜的巨大影响。本来这项仅靠口口相传的野蛮生长就可以颇具规模的运动，经过电视的宣传后扩张之迅猛犹如火上浇油一般。那些带有锐步商标的体能单元和赞助运动员开始频频在公众和主流媒体中曝光。

格雷格·格拉斯曼无意让锐步或其他任何人控制 CrossFit。在 CrossFit 总部的工作人员大多是他相交多年的朋友或是他第一家健身馆的会员。格拉斯曼已经不再去馆里执教，他也不会自己去教练培训班讲课，甚至都懒得去那里露面（“我的出现只会让他们上课开小差。”他说）。当被问到现在他每天都在干什么时，他答到每天的工作大多耗在电话上，和律师还有保险公司的人谈业务，却不打算躲在幕后操纵 CrossFit 的发展进程。

格拉斯曼现在感兴趣的是玩出点新花样，用量化的方法检测 CrossFit 提高人体运动能力的成果。

“我对 CrossFit 五年后会变成什么样子并没有什么明确的愿景，”格拉斯曼在 2011 年的 CrossFit 期刊视频上如是说。“很多时候只是顺势而为。”他一如既往地打了个比方：“这就比如一道风景在你六万英尺之外，你现在想了也是白想，什么景都看不到。这个时代变化太快了，我们只能见招拆招，鼓励好的想法和点子，灭掉一些馊主意。”

格拉斯曼现在的主要打算是推动 CrossFit 向更系统化的科学数据方向发展。他找了 Vor 数据系统科技公司合作，这个公司核心技术能够从复合系统和多重数据源中准确抓取数据。他打算建立一个数据收集项目，能够抓取诸如 CrossFit 公开赛和锐步 CrossFit 全球总决赛的数据，然后进行大数据分析，根据不同的行为组合给出科学系统的定性预测结果。例如说你今天吃的一顿晚饭对你的身体健康会有怎样影响；某类特定的运动锻炼怎样影响你的寿命。这个项目一旦成功，将对目前众说纷纭的运动与饮食论战提供极有价值的科学理论依据。按照格拉斯曼对该项目的看法，他认为 Vor 数据系统对其创建的 3D 健康模型有举足轻重的作用。前文已述，这个模型表现了若干年间运动员的功率输出（强健程度）变化。一旦能够成功抓取理想的数据，那么很多日复一日频繁出现的老问题就能够迎刃而解。比如“旧石器饮食和区域饮食到底哪种效果更好？”或者“无氧运动和有氧运动到底哪种效果更好？”认真挖掘这个项目采集的数据，答案就在其中。

在未来五到十年内，CrossFit 另外一个变化很可能来自它的学员。比如说，我第一次上 CrossFit 官网了解相关信息，第一印象就是怎么有那么多女性在练这项运动。后来我去馆里训练，曾经不止一次出现整堂训练课就我一个男的，被围在众多年龄段的女性学员当中。

格拉斯曼也说起过这个有趣的现象。在他多年的执教生涯中，有一个出乎意料的成果就是女性通过 CrossFit 训练自信心大增，这个变化往往令她们在职场中地位得到很大提升。在极乐园就有一个女学员曾经告诉我，在她二十出头的时候除了瑜伽，她对其他体育运动都没什么兴趣。“我去健身房总感觉不习惯，因为很多人都盯着你，这里就好多了，可以和其他人一起训练，融入这个集体有一种归属感，我再也没有以前的烦恼了。”

另外值得注意的是，目前 CrossFit 的学员大多介于 20 ~ 30 岁之间，但渐渐婴儿潮那代 50，60 人群已经开始逐步关注 CrossFit 运动，而且大部分的认证健身馆还开设了针对儿童的训练项目。我曾经看到过接收 3 ~ 6 岁儿童的特殊 CrossFit 训练课，一直到十多岁都有相对应的阶梯发展训练课。格拉斯曼也在积极将 CrossFit 的社群建设带进学校。针对十几岁的青少年教育培养，将体能训练和学业教育有机结合起来。对于只从 CrossFit 全球总决赛了解 CrossFit 运动的人来说，可能会认为这项运动就像奥运会比赛一样只适合年轻人，但其实不然。CrossFit 倡导的功能性动作非常适合中老年人锻炼。能够行动自如地走路、起床或下楼，这些动作需要足够强健的体魄和良好的灵活度，这就是 CrossFit 运动能够带给老年生活的价值。圣克鲁兹 CrossFit 健身馆的吉姆 · 贝克是执教 60 岁以上学员的专家。他每次教授一个新来的老年会员时，都非常注意训练的强度和学员本身的运动基础。要是来了个 70 岁的新学员，即使他能做一个完美的深蹲动作，贝克也不会冒进，而是让他从四分之一深蹲开始逐步提高，由此培养训练的积极性和自信心。

随着婴儿潮时代，也就是 1946 ~ 1964 年出生的中老年人群渐渐认识到 CrossFit 的价值，他们将成为 CrossFit 健身馆的新鲜血液。贝克认为这是个好的趋势。“在美国，每天有上万人年满 65 岁，”他说，“我要告诉每一个 CrossFit 健身馆的馆主们，你们的场地在工作日的白天有大段的空闲时光，完全可以开拓退休人群这个用户市场。他们往往会成为馆里最忠实的用户群体。”

贝克还说老年人其实纪律性很强。“他们不会因为前一晚喝多了而不来训练。”而且 CrossFit 的训练课提倡包容运动能力相差悬殊的会员们一起训练。所以年纪大的学员和年轻人在一起上课会有莫大的满足感和成就感。

“当年格雷格将一对一私教方式改成小班教学，其实也是发现了这个原因。”贝克说，对于一个老年学员来说，他会这样想：“我可以和年轻人们一起做体能训练单元，我比他们大整整 30 岁。他们比我速度快很多，做完本可以去喝杯咖啡再回来，说不定那时我还在辛辛苦苦地死磕这个训练单元。然而他们却一个都没有离开，留下来不断为我加油鼓劲，直到我结束。”

这就是 CrossFit 的运动精神，也是这项运动未来发展的依托所在。

至于 CrossFit 之于我的意义，我正在靠它自我进化（或者说“救赎”）。现在我主要的兴趣是将 CrossFit 训练与我曾经热爱的跑步运动相结合。在我加入极乐园健身馆之前，我曾经采用过布莱恩·麦肯齐制定的一个为期六周的 CrossFit 耐力训练计划。这个训练计划的核心就是“姿势跑法”。

每周我都会花两三次时间进行姿势跑法的热身和预备练习，然后进行短跑来纠正自己足部触地位置、躯干姿势和驱动跑步的肌肉。我原来跑步是脚跟着地，靠曲髋发力，现在我要变到足中部着地，靠大腿后侧股二头肌和臀大肌驱动身体向前跑。我还要注意提高自己的步频，遵照麦肯齐的跑步技术用节拍器调整步频。时间一周周过去，我的步频变得越来越快。一开始这样的跑法即便是短时间的准备活动都非常累。但到了第三周，我突然开窍了，觉得自己的双腿简直像轮子一样在滚动。最后，我能够用 6 分以内的配速跑 200 米和 400 米的间歇跑，这个速度自从我当年受伤后就再也没有达到过。

我的跑步能力慢慢在恢复，但因为我在力量方面实在太弱，有太多的缺陷要补，于是决定先专注练 CrossFit 一段时间。明年我打算重启自己的跑步大计，并将 CrossFit 训练融入跑步训练计划中，最后到底会有怎样的结果，对此我非常好奇并充满期待。对于我而言，这将又是一个全新的世界！

专用术语表

AMRAP：“尽可能地做最多次数”的缩写。即在训练规定的时间内尽可能做最多次数。

Box: CrossFit 健身馆的专用称呼

CrossFit Games: CrossFit 全球总决赛。全球顶级 CrossFit 运动员比赛，分团体和个人组，持续若干天。具体比赛项目仅会在开赛当周宣布，有的项目只在比赛当天宣布。

CrossFit Open: CrossFit 公开赛。是每年全球总决赛的首轮海选赛事。所有人都可报名参赛，成绩必须由认证 CrossFit 健身馆裁判判定，或者向官网上传比赛视频。2012 年全球有六万人报名参赛（2016 年报名人数突破 30 万人）。

Firebreathers: 吐焰者。CrossFit 健身馆内的顶尖运动员，他们是每个馆运动表现的楷模。

For time: 计时。指完成训练时间越快越好，尽量不要停顿休息。

Girl：CrossFit 训练的一些基准训练，同飓风一样，都用一些女性名字命名。

Globo gym: 大型健身中心，CrossFit 训练者对大型健身场所的称呼。

GPP：综合身体素质准备的缩写，它是 CrossFit 训练的主要目标，旨在应对综合运动能力的挑战而不是专项训练。

Hero workout：英雄体能，通常是漫长而艰苦的体能训练，它们被命名以阵亡将士、殉职警察或消防员的名字，以兹纪念。

Met-con：代谢体能训练的缩写，是以锻炼肌耐力和心肺能力为主的高强度训练单元。

MOD：调整训练单元难度的缩写，使其能够适合训练者的不同水平（见“降阶”）。

辣妹：曾经网上有段流传甚广的 CrossFit 训练视频，三位 CrossFit 女运动员 Annie Sakamoto, Eva Twardokens 和 Nicole Carroll 在首个 CrossFit 健身馆 santa cruze 做一个包括空身蹲、吊环双力臂和杠铃高翻的训练单元。此段视频一度是招揽 CrossFit 会员的大杀器。

PR：个人最好成绩。CrossFit 运动中有若干指标性的训练，训练者往往用这些训练进行体能测试，以此评估自己的运动能力是否进步。这个词也用在一些举重项目上，比如测试硬拉或挺举的个人最大重量。

Pukie the Clown：CrossFit 圈子里指类似吉祥物一类的福神。俚语“见过福神”意思是训练后呕吐。

RX：按标准规定去做训练。

Scaling：降低训练单元标准规定的重量或动作难度，使其适合 CrossFit 初学者和中级训练者。

Sweat angel：汗天使，指训练者在完成训练单元后仰面朝天躺在地上时，背后汗水印出的那个身影。

WOD：“当天训练单元”的缩写。

动作术语表

徒手深蹲

起始站姿，下蹲使臀部低于膝盖 » 膝盖外展，与脚尖方向保持一致 » 保持上身躯干挺直，手臂伸展 » 回复到站姿

砸球

起始站姿，球举过头顶 » 躯干核心部位发力，将球砸在地上 » 下蹲将球重新拿起

跳箱

面对箱子站立 » 跳上箱子 » 躯干完全伸展，膝盖伸直 » 跳下箱子或走下箱子

立卧撑跳

起始站姿 » 下蹲 » 腿向后蹬，手撑地保持俯卧撑姿势 » 胸触地 » 完成俯卧撑 » 回复站姿 » 向上跳，手在头顶击掌

挺举

杠铃放在地上，锁握住杠，膝盖与肩同宽，背挺直，屈膝 » 将杠铃翻置于肩部 » 预蹲发力上送 » 前后分腿身体下探至杠铃下方 » 锁肘，杠铃举过头顶，身体站直

硬拉

腰椎中立，俯身握住杠铃 » 提起杠铃，髋部完全伸展打开

前蹲

杠铃置于肩部颚下 » 下蹲至臀部低于膝盖位置 » 膝盖外展，与脚尖方向保持一致 » 回复到站姿

靠墙倒立撑

双脚靠墙，保持头手倒立姿势 » 核心收紧，曲肘，头部着地 » 回复到靠墙倒立

壶铃上摆

膝盖弯曲，双手握壶铃，核心收紧 » 髋部发力，将壶铃向上甩起 » 回到初始姿势

（借力）引体向上

手握单杠保持身体悬垂姿势，肩部发力将身体水平前后摆动 » 利用髋部和肩部爆发力使躯干向上升，下巴过杠 » 下降时保持核心收紧，利用惯性再次摆动

药球翻站

重心在脚跟处，躯干挺立，膝盖弯曲，双手抱球 » 髋部发力，将球翻至肩部位置 » 下蹲至标准深蹲姿势 » 回复站姿，保持双手胸前托举药球

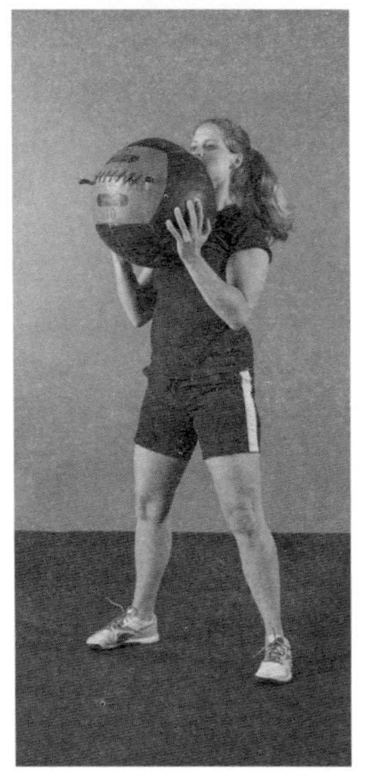

吊环双力臂

握住吊环保持悬垂姿势 » 将身体拉起至吊环上方，曲肘，双腿在身前打直 » 下压吊环，身体完全伸展

过头深蹲

宽握住杠铃，将杠铃举过头顶，身体保持深蹲姿势 » 躯干核心收紧，膝盖与脚尖方向保持一致

实力推

双脚与肩同宽，保持站姿，肩部架住杠铃 » 双腿伸直，将杠铃推过头顶 » 恢复到准备姿式

半挺

双脚与肩同宽，保持站姿，肩部架住杠铃 » 预蹲，利用伸髋伸膝的爆发力将杠铃往上推 » 再次屈膝，身体探到杠铃下方 » 锁肘，回复站姿，同时将杠铃举过头顶

借力推

双脚与肩同宽，保持站姿，肩部架住杠铃 » 预蹲，利用伸髋、伸膝爆发力将杠铃往上推 » 腿伸直，将杠铃举过头顶

吊环臂屈伸

将吊环下压，身体完全伸直 » 身体下探，将吊环紧靠躯干 » 重复这个动作，曲肘下探，然后伸直手臂将自己撑起

爬绳

如图所示双脚夹住绳子 » 双手握绳，尽量抓住绳子上端 » 松开双腿，将膝盖和双脚尽量抬高，然后再夹住绳子 » 将腿伸直往上攀（不要用手臂拉着向上）» 一直爬到绳子顶端

抓举

双脚与肩同宽，握住地上的杠铃 » 尽量使杠铃靠近身体，膝盖弯曲，利用爆发力将杠铃向上移动 » 身体探到杠铃下方后下蹲，锁肘，将杠铃举过头顶 » 恢复站姿

火箭推

杠铃架在肩部，做一个颈前深蹲 » 下蹲到底后利用惯性做一个借力推

蹲推药球

保持站姿，双手持球，置于下巴下方 » 身体向下做深蹲，然后髋部发力向上站起 » 将球推向墙壁上方的标志线 » 接住球，再做一个深蹲

关于作者

T.J. 墨菲，作家、资深耐力运动员、CrossFit 训练者。

他曾担任《铁三运动者》《铁三运动探究》《竞赛者》等杂志编辑总监，同时也曾为《跑者世界》《户外》等杂志撰文。如同很多常年训练的耐力跑者一样，墨菲遇到了跑步引起的伤痛困扰。随后他接触到 CrossFit 这项运动，起初怀着将信将疑的态度开始尝试，希望这样的健身运动能够帮助他重返跑道。由此竟一发不可收拾，深深沉迷其中。墨菲是《铁三运动者》杂志刊载的“如何完成首个铁三赛”一文的作者，也曾参与撰写《起点到终点：24 周完成耐力铁三赛》一书。